日本史の謎は科学で解ける

三澤信也

彩図社

はじめに
――科学は歴史をどのように動かしてきたのか

日本の歴史の中には、いまだ解明されていない謎が数多くあります。

たとえば、元寇については、従来「神風」によって撃退できたと言われていましたが、詳しいことはあまり分かっていませんでした。しかし神風以外にも〝勝てた要因〟というものがあります。

元軍が使用した「てつはう」の使用方法、管理方法等を考察することで、科学的知見にもとづく〝勝てた要因〟が見えてくるのです。

近年の研究や発掘調査などによって新たな事実が発見されていることも、謎の解明の助けになっています。

また他に、存在がはっきりしていない信長の鉄甲船についても、鉄の重量等からアプローチすることが可能です。

このように、日本史の謎を科学的視点から解き明かすのが、この本の目的です。

本書では「火薬」「刀」「船」「お酒」「染色」の5つのテーマを取り上げました。これらを媒介にして、科学が歴史をどのように動かしてきたのか解説したいと思います。

いずれも、時代ごとの政治や経済、あるいは戦争といった歴史を転換させてきた要素に深く関わっているものです。そして、その時代を生きた庶民の生活とも切り離せないものです。

それぞれの変遷を科学的に考察することで、歴史が科学に大きく左右されてきたことが見えてくるのです。

過去の出来事を知るほどに、人間は科学には逆らえない存在なのだと知らされます。

古代人が大海に漕ぎ出した丸太舟が、危うげながら沈まなかった要因も、日本刀だけが実現した美しい反りも、あるいは人々の心を満たした酒の味、きらびやかな衣装に至るまで、科学的に考察することによって、すべて必然だったのだと分かります。

科学的視点を加えることで、歴史を新しい角度で見ることが可能になります。歴史に詳しい方、歴史好きの皆さんにも、今までとは違った新鮮な気持ちで読んでいただけると思います。もちろん、科学好きの方にも科学と歴史の関わりを知るきっかけとしていただけると思います。

本書が、歴史の面白さをより深く知るきっかけとなればと願っています。

三澤信也

もくじ

2章 刀

3章 船

4章 酒

5章　染色

1章　火薬

最強の元軍を撃退できたのはなぜ？

日本人が初めて見た火薬の威力

おそらく、ほとんどの方が左の絵を歴史の教科書で見た記憶があると思います。

これは、鎌倉時代に起こった元寇の様子を記録した「蒙古《もうこ》襲来《しゅうらい》絵詞《えことば》」の一部です。戦に参加した肥後国の御家人竹崎季長《すえなが》が、自分の戦いの様子を描かせたものと言われています。

さて、皆さんはこの絵のどこに注目するでしょうか？

やはり、真ん中に描かれている爆発しているものではないでしょうか？

じつは、これが日本人が初めて目にした火薬なのです。

正確には、火薬そのものと言うより、火薬を使った「てつはう（鉄炮）」と呼ばれる武器です。

この時のてつはうは、現代の鉄砲とは違い、丸い容器の中に火薬が詰め込まれたものでし

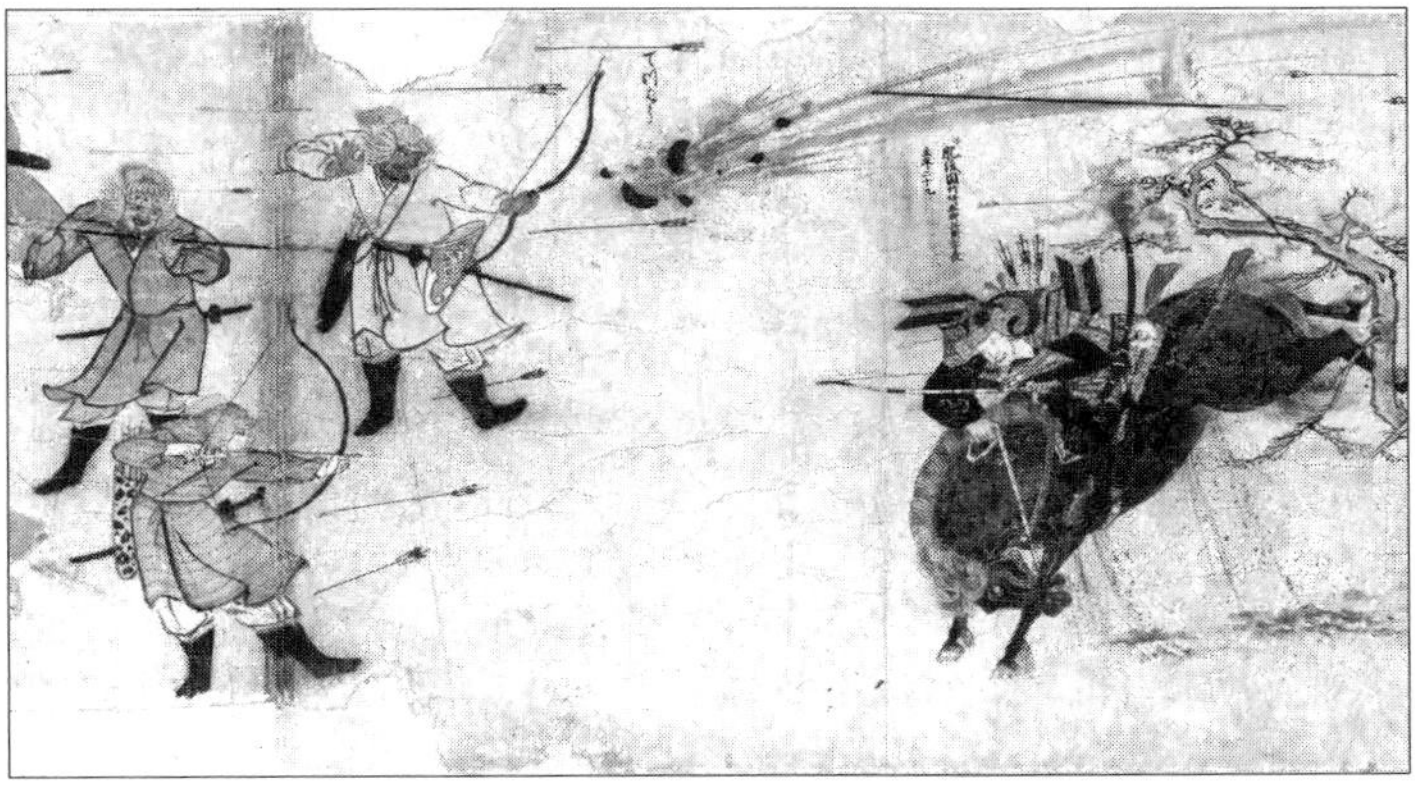

「蒙古襲来絵詞」に描かれたてつはう（中央上部）

た。それに導火線をつけ、点火してから相手に投げつけ、火薬を爆発させたのです。元軍（蒙古軍）はこのてつはうを駆使し、日本軍を苦しめました。

また、鎌倉時代の日本では、開戦の合図である鏑矢《かぶらや》を射かけ、自分が何者であるか名乗りを上げてから一騎討ちを挑むのが戦いの作法でした。ところが、元軍は一騎で接近してきた武士を取り囲む集団戦法を駆使してきたのです。

この戦い方の違いにも、日本軍はたいへん苦しめられました。

てつはうの威力はどのくらい？

てつはうにはどの程度の威力があったのでしょう？

てつはう（画像：時事）

このことについては、長年の謎でした。というのは、てつはうは元で作られましたが、その実物は中国にひとつも残っていなかったためです。そのため、詳しい構造は不明だったのです。

それが、21世紀になってから実物が発見され、その構造が見えてきました。

てつはうの実物が発見されたのは、日本です。長崎県の鷹島神崎《たかしまこうざき》遺跡で元の軍船が発見され、そこからてつはうの実物が3点見つかったのです。ここは二度目の元寇（弘安の役）の際に暴風によって元の軍船が沈没したと推定されているところでもあります。

発見されたてつはうの円形容器は、陶器製でした。また、鉄錆《さ》びの痕跡も見つかりました。「陶器製なのにどうして鉄錆びが生まれたのか？」と疑問に思いますが、これは陶器製容器の中に入れられていた鉄片の名残と考えられています。

つまり、てつはうには火薬だけではなく鉄片が入れられていて、爆発したときにそれが飛び散る仕掛けになっていたと考えられるわけです。それが本当なら、てつはうには殺傷力があっただろうということです。

爆発によって金属の破片が飛び散る仕組みは、現代のクラスター爆弾に通じます。クラスター爆弾は、ひとつの爆弾（親爆弾）の中に多数の子爆弾が詰め込まれたものです。親爆弾が破裂すると、子爆弾がばらまかれます。子爆弾は戦車や建物、地面など硬いものに当たると爆発します。柔らかい沼地などに落下すると、不発弾として残留することになります。

子爆弾の中には金属の破片が仕込まれていることがあり、爆発すると飛び散ります。

また、子爆弾自体が鋼鉄製の筒でできており、爆発によって破裂して飛び散る仕組みのものもあります。これらは秒速5キロメートル以上という猛スピードを持ち、建物や人の身体を貫い

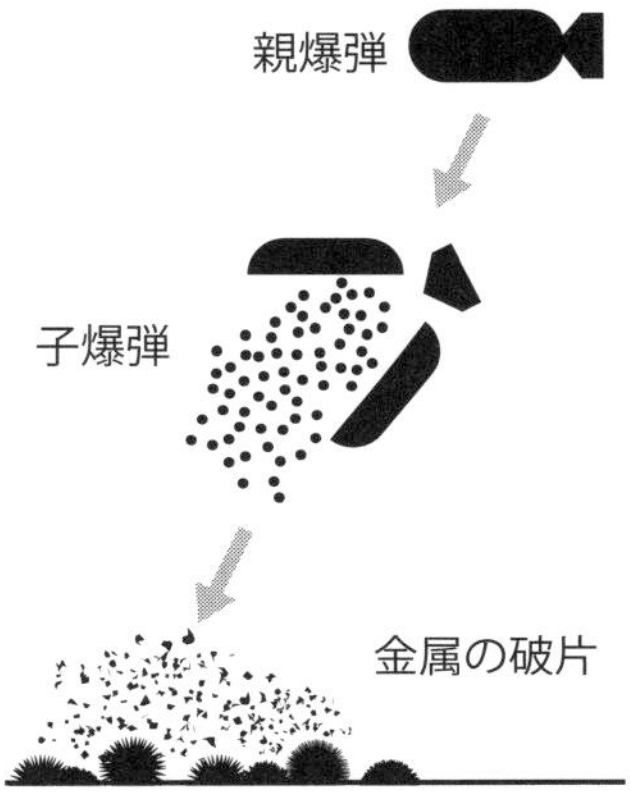

てしまうほどの威力がある恐ろしいものなのです。

現在、クラスター爆弾の使用を禁止する条約に多くの国が加盟しています。クラスター爆弾が生む被害が甚大だからです。このことからも、てつはうがいかに恐ろしい武器だったかが分かります。

砲丸投げのフォーム

てつはうの使用は難しかった

元軍を追い払えたのは、元の軍船に多大なダメージを与えた神風のおかげだというのが従来の一般的な説でした。しかし近年は、軍船からの上陸の難しさなど、複数の要因があったと考えられています。

その中でも、てつはうの使用の難しさが注目されています。

てつはうは敵方に投げる武器ですが、戦場では、てつはうを投げようとして至近距離まで接近したところで先

ハンマー投げのフォーム

に斬りつけられてしまうかもしれません。そのため、できるだけ遠方から投げるのが理想ですが、てつはうは質量が４キログラムほどもあったと言われます。

これは相当なものです。砲丸投げの砲丸は、一般男子で７・26キロ、一般女子で４・０キロです。てつはうの質量はちょうど女子が用いる砲丸と同じということになります。

砲丸投げの女子の世界記録は約22メートルですから、遠くへ投げることは簡単ではないと分かります。

投げ方としては、砲丸投げのような投げ方よりもハンマー投げのような方法を使う方が、はるかに飛距離が出るでしょう（ハンマー投げでは80メートルを超える記録が何度も樹立されています）。

ただし、その場合には味方を避けて確実に敵方に投げ

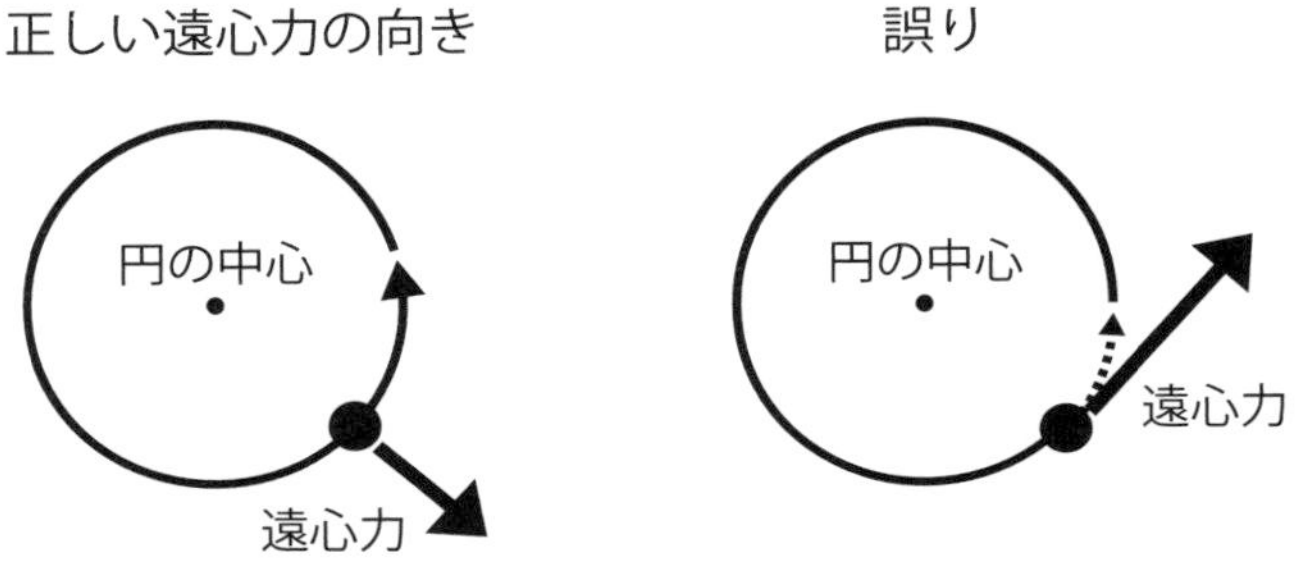

なければならないというコントロール面のハードルが生じます。

「遠心力を利用して遠くへ飛ばすのがハンマー投げである」という説明をよく見かけますが、これは正確ではありません。「円の中心から離れる向き」にはたらくのが遠心力ですが、放たれたハンマーはそのような向きに飛んでいくわけではないからです。

回転するハンマーは、絶えず動く向きを変えています。そして、放たれた後には放たれた瞬間に動いていた向きに飛んでいくことになります。

てつはうをハンマー投げのように飛ばしたとすれば、放すタイミングが重要だったはずです。その方法を習得したとして、ハンマー投げの上達が簡単でないのと同様に、思い通り投げられるようになるまで時間がかかったでしょう。

いずれにしても、てつはうを遠投するのは容易ではなかったはずです。

てつはうは管理も難しかった

てつはうとの遭遇が、日本人にとっての初めての火薬との出会いだとされています。ということは、それまで火薬を国産していなかったということです。もしも火薬が簡単に作れるものであれば、当時の日本ですでに使われていたと考えるのが自然でしょう。

火薬を作るのは簡単ではないのでしょうか？

じつは、火薬と言ってもさまざまな種類があり、初期の火薬と現在の火薬とでは含まれている成分が随分と違います。ここではその中でも「黒色火薬《こくしょく》」について説明します。

黒色火薬は、人類史上最初に登場した火薬で、元寇の頃にも使われていた火薬です。6、7世紀に中国で誕生したと言われます。

黒色火薬は、木炭・硫黄・硝酸カリウムを粉末化して混合したものです。この混合物が黒色なため、黒色火薬と呼ばれます。

硝酸カリウムは「硝石」とも呼ばれる鉱物です。中国では天然に採掘されますが、日本では得ることができないものでした。このことが、日本で火薬が発明されなかった一因とも言えます。

ちなみに、硫黄は逆に中国ではあまり取れず、日本の特に九州で大量に産出していました。これが元と敵対していた南宋に輸出されていたことも、日本が元に襲来された一因だと言われています。

さて、硝酸カリウム（硝石）に含まれる成分の中に、酸素があります。

混合物（木炭と硫黄と硝石）が点火されると、硝酸カリウムに含まれる酸素が、主に炭素でできている木炭と反応し、二酸化炭素が発生するのです。

また、硝酸カリウムには窒素も成分として含まれます。点火のエネルギーによって、その窒素が硝酸カリウムから分離します。

このように、混合物が反応すると、二酸化炭素と窒素という気体が発生します。そして、反応によって発生する熱でこれらの温度が上がり、膨張します。このことが一気に起こるため、爆発現象が起こるのです。

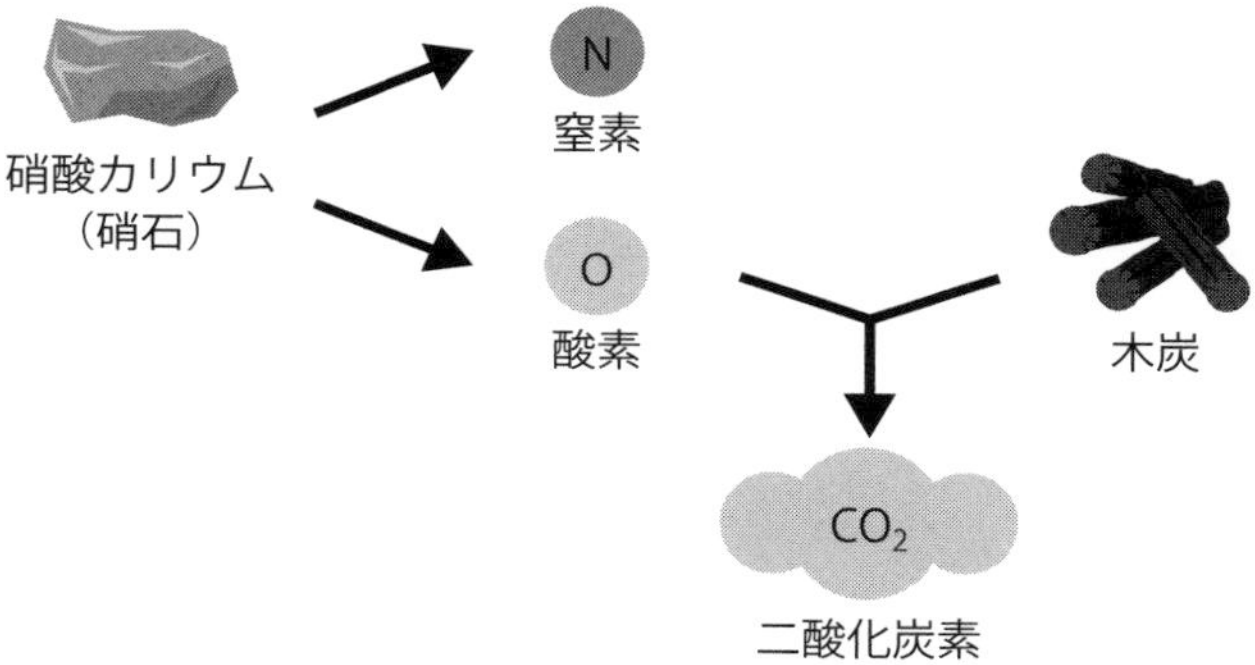

そして、火薬を発火させるには高温まで上げる必要があります。黒色火薬の場合は３００℃くらいまで上げると発火します。これを発火点と言います。

３００℃というのはそれほど高い温度ではなく、炎に接すれば確実に発火します。ということは、摩擦や静電気で発生した熱でも発火してしまうおそれがあります。そのため、黒色火薬には保管の難しさがありました。

さらに、黒色火薬は湿気にも弱いので、そのことも保管の大変さにつながりました。

このように扱いが難しい黒色火薬を携えて大陸からやってきた元軍が、てつはうという武器を思いのままに扱うのは難しかったと考えられます。

いくら強力な武器であっても、正しい使い方ができなければ、本来の力を発揮するのは難しいものです。日本が元軍を撃退できた理由には、てつはうの扱いづらさに助けられた部分もあったのかもしれません。

やがて黒色火薬は、日本でも使われるようになります。ただし当初は、原料である硝酸カリウム（硝石）は日本で手に入らなかったので、輸入していました。

戦国時代に、輸入した硝酸カリウムを使って火薬が作られていた場所は、大阪の堺でした。これは堺が当時の大貿易港だったことと関係しています。

のちに国産化が可能になりますが（46ページ参照）、火薬の製造で遅れをとっていた日本は元寇という災難に遭遇し、火薬の製造を行うようになりました。そして国内での争いに利用するようになっていくのです。

忍者はどんな火器を使っていた?

裏舞台で使用された火器

主に戦国時代、目立たないところで活躍した人々がいました。忍者と呼ばれる人々です。忍者は、南北朝時代以降には存在したことが資料に残されています。

忍者のルーツは、寺院や貴族による荘園制支配に反抗した「悪党」だとされます。荘園制度が衰退した室町時代には活動が減少しましたが、戦国時代に入ると「忍者」として各地の大名に召し抱えられることになります。

特に有名なのは、伊賀と甲賀の忍者です。中でも伊賀の忍者は、火術を得意としていたことで有名です。伊賀の忍者は、火器を重宝していたのです。歴史の裏舞台においても火器が重要な役割を果たしていたことが分かります。

伊賀の忍者たちは、火器を主に次のような目的で使用していました。

・堅牢な城郭や陣営を破壊するため
・狼煙《のろし》を上げて味方への合図とするため
・風雨でも消えない松明《たいまつ》を用いて味方を救助するため

これらの目的のために、忍者はどのような火器を使っていたのでしょう?

焙烙火矢

そこには、科学と関連するもろもろの工夫が施されていました。

石山合戦の勝敗を決めた焙烙火矢

焙烙とは、食材を炒める時などに使う丸い陶器のことです。焙烙や、それに似た形の陶器に火薬を詰め、導火線に点火して爆発させるのが焙烙火矢です。ですので、矢というよりは

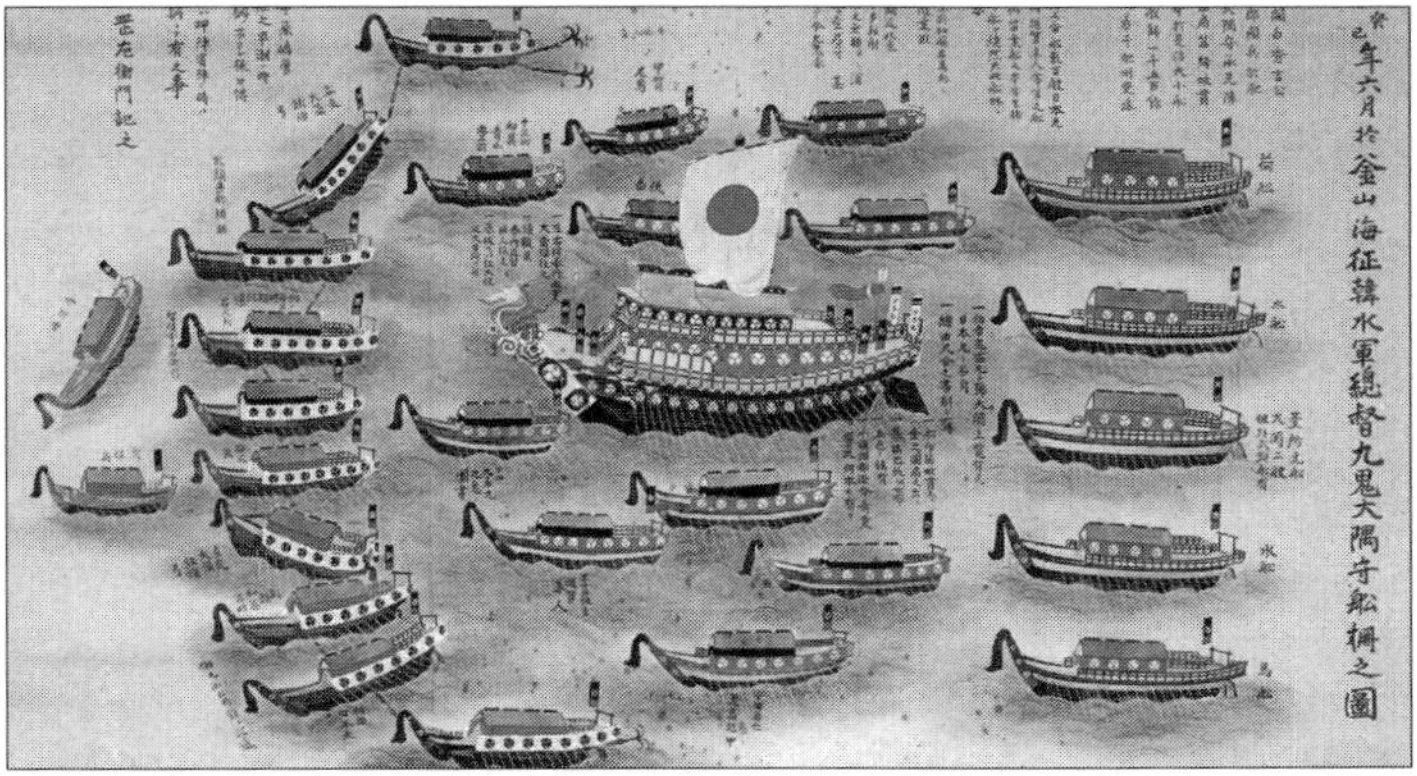

九鬼水軍（文禄の役）

手榴弾というイメージです。

片手で持って投げることもできましたが、忍者はハンマー投げのようにして遠距離にいる敵へ投げ込んだそうです。17ページで説明した、ハンマー投げのコツを知って炮烙火矢を巧みに操っていたのかもしれません。

てつはうと炮烙火矢には、共通点があったのかもしれません。焙烙火矢は、てつはうを研究する中で生み出されたものだという説もあるほどです。

焙烙火矢が活躍した戦いとして有名なのが、織田家の配下・九鬼水軍と毛利水軍との戦いです。二度にわたるこの戦いは、石山合戦と総称されます。

第一次木津川口の戦いでは、毛利水軍が織田家と敵

棒火矢

対していた雑賀衆《さいかしゅう》とともに九鬼水軍の軍船を焙烙火矢で攻撃しました。軍船を焼き払われた織田家は大敗することになりました。

第二次木津川口の戦いでは、九鬼水軍は耐火性を高めるために船体に鉄板を貼りつけたといわれます。これで焙烙火矢による攻撃が効かなくなり、今度は毛利水軍が大敗することになったのです。

炮烙火矢が、戦い方を大きく変えたのですね。

なお、焙烙火矢はのちにさらに強力なものへと発展していきます。

特に、江戸時代以降に使われるようになった「棒火矢《ぼうひや》」は大きな戦力となりました。

棒火矢は、先端に作られた溝に火薬を仕込んだ矢です。棒火矢を大筒に仕込み、導火線へ点火してから発射しました。

また、江戸時代の忍者は「大国火矢」というものも使ったとされます。こちらは、火薬を仕込んだ筒をくくりつけた矢です。やはり導火線へ点火してから弓で飛ばしました。

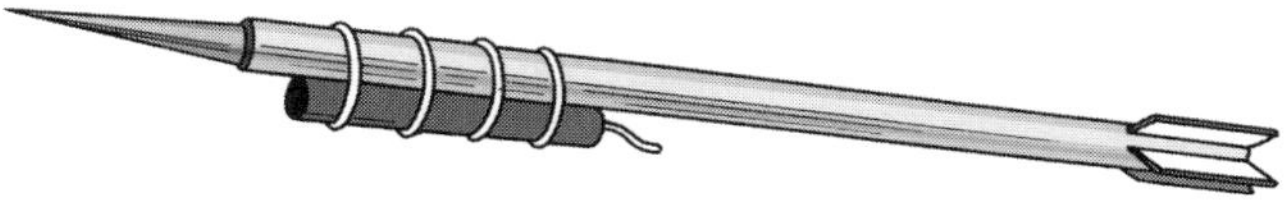

大国火矢

火器は、このように発展することで大きく飛距離を伸ばしたのです。

これらは、遠くの敵に命中することは稀でも、城や船といった対象物へぶつけることは比較的容易だったと考えられます。木製の船や建物にとって、火薬の爆発は大きな脅威でした。

忍者は、火器の発展に尽力して戦をより有利に進めることに貢献したのです。

忍者が使用した火器いろいろ

ここでは、他に忍者が使っていた火器を具体的に紹介したいと思います。

・捕火方（とりびほう）

長さ30センチメートルほどの筒の中に砂鉄とともに火薬を埋め込み、

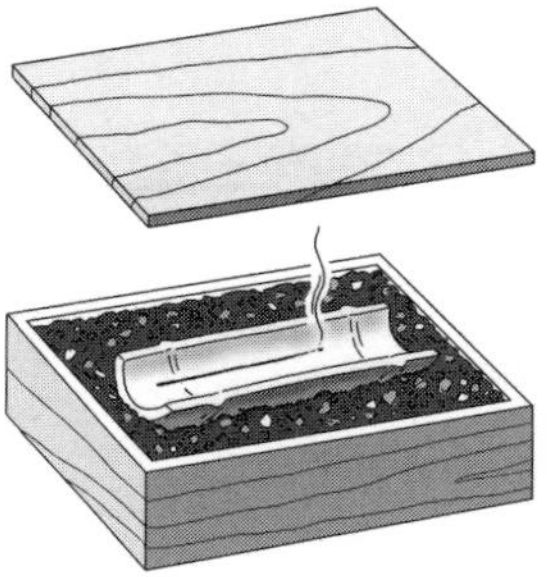

埋め火

捕火方

火炎を放射する武器です。5~6メートルもの射程距離のある火炎を放射したようです。

こちらは、主に城を守る際に敵を攪乱《かくらん》するために使われたそうです。

・埋め火(うずめび)

火薬を詰めた木箱を地中に埋めて、箱を踏むと爆発するものです。

箱の上には、2つ割りにした竹を置きました。そして、その上に点火した火縄を乗せたのです。すると、竹が火縄と火薬の接触を防ぐために点火しません。

しかし、人が踏むと竹が割れて火縄と火薬が接触するのです。そして、火薬が爆発を起こします。

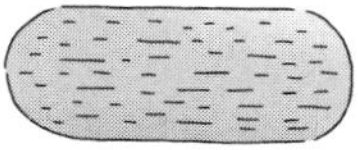

鳥の子

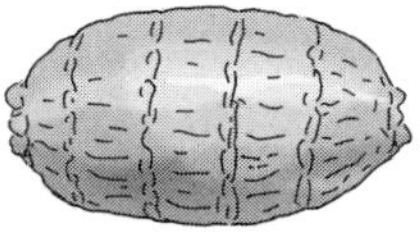

苞（ほう）に入れた状態

百雷銃

・百雷銃（ひゃくらいじゅう）

火薬の入った小さな筒を火縄でまとめ、連続で爆発させるものでした。ちょうど、爆竹のようなものです。殺傷能力はありませんでしたが、敵を威嚇するのに使われました。

・鳥の子（とりのこ）

鳥の子紙と呼ばれる和紙を貼り固めた丸い容器に火薬を詰めたものです。導火線で点火してから敵に投げると、爆発音と煙が発生します。

これは煙幕のような形で、逃走時に敵をひるませるために利用されました。

忍者たちは工夫をこらしてさまざまな武器を作っていたことが分かります。

長篠の戦いで信長が勝った本当の要因は？

火縄銃の弱点を信長は克服したのか？

威力があり飛距離も十分な火縄銃の登場は、日本の戦争を大きく変えました。戦国時代、火縄銃を上手に活用した軍が勝利するようになりました。特に有名なのは、長篠の戦いです。火縄銃を駆使した信長軍が、強敵の武田軍に勝利しました。

このときには、信長軍は三段撃ちという戦法を用いいました。というのは、火縄銃は1発弾丸を発射してから、次の弾を込めて発射するまでに時間がかかったからです。熟練の技を身につけた武士でも、1発発射してから次の発射をするまでに

20~30秒はかかったようです。これでは、発射の準備をしている間に斬りつけられてしまいます。

そこで、信長は鉄砲隊を3列に並べ、1列ずつ時間間隔をおいて発射するという戦法をとったのです。この方法によって、敵に向かって間断なく弾丸を発射し続けることができました。

火縄銃の発射に時間がかかるのには、理由があります。火縄銃では、奥の方（手元に近い方）に弾丸が込められています。これは、そうすることで火薬の込められた空間を狭くすることができ、爆発時の勢いを強くできるからです。

ただし、やっかいなのはその奥の方まで弾丸を押し込まなければならないということです。これに時間がかかったのです。

ただし、信長軍の三段撃ちについては後世の創作だとも言われます。

それは、火縄銃では火縄の着火部分が

長篠合戦図屏風に描かれたような密集状態では、発砲し続けることは難しかったと考えられる。

むき出しになっているため、3人が狭い場所で入れ替わり立ち替わり撃ち続けるのでは、引火のリスクが高すぎるからです。

別の説では、火縄銃の発射回数を増やすために、射撃、弾込め、火薬詰めを作業分担したとも考えられます。

実際に、作業を分担することで発射から次の発射までの時間を大幅に短縮できることは、実験により検証されています。各自が銃を1挺ずつ持って弾と火薬の装填から発射までこなすのに比べ、3人1組となり1人が射手、残り2人が弾込めと火薬詰めを行う場合は射撃にかかる時間を半分以下にできるようです。

また、装填にかかる時間の短縮のために「早合《はやごう》」という道具が使われたこともあるようです。早合は、木や竹、紙などを漆で固めて小さな筒とし、1発分の火薬を詰めたものです。頭部に弾丸を載せて、銃口から押し込みました。これを使うことで、火薬と弾丸を一挙に装填することは可能です。

このように、いろいろな説はありますが、決定的な証拠はないため、はっきりしたことは分かりません。ただ科学的根拠にもとづいて、どのような状況であれば三段撃ちが可能だったのかを考えるのは楽しくもあります。

武田軍にも鉄砲隊はあった

ところで、長篠の戦いで敗れた武田軍は鉄砲隊を編成していなかったのでしょうか？

そんなことはありません。『武田信玄陣立書《じんだてがき》』には、「鉄砲隊」の存在が記されています。また、『軍役定書《ぐんやくさだめがき》』でも10％ほどを鉄砲・弓隊で編成するよう記されています。武田軍も鉄砲隊を持っていたのです。

それなのに、どうして信長軍の勝利の要因が火縄銃にあったと言えるのでしょう？

火縄銃は、本体だけがあっても使い物にはなりません。火薬と弾丸が必要です。火薬と弾丸をどれほど備えていたか、ここに信長軍と武田軍の違いがありました。

当時使われていた黒色火薬の原料のひとつに、硝酸カリウム（硝石）がありました。20ページでも登場しましたが、これは日本ではなかなか生産が難しく、海外からの輸入に頼っていましたね。

堺での鉄砲製造の様子（「和泉名所図会 4巻」1796年刊）

戦国時代の貿易は、今の大阪にある堺などの港に独占されていました。そのため、硝石は主に西日本で流通していたのです。

また、堺では鉄砲本体も製造していました。さらに、港を支配しているのは織田家でした。

そのようなわけで、信長軍は十分な量の火薬を確保できていたと考えられます。

武田軍の鉄砲隊はなぜ機能しなかった？

対する武田軍は、火薬不足に苦しんでいたのだと推測されています。そして、弾丸も信長軍の方が豊富に揃えていました。火縄銃の弾丸は、鉛で作られています。

この鉛、じつは銀山で銀を精製するのに欠かせないものでした。銀の精製は西日本でさかんだったため、鉛も西日本に流れていたのです。さらに、鉛は海外からも輸入されていたため信長軍は容易に入手できたのでしょう。

対する武田軍は、十分な鉛を入手できなかったため、銅銭を弾丸に転用するといったことを行っていたようです。火薬と弾丸が十分になければ、いくら火縄銃があっても活躍は期待できません。

さらに、これらの不足は訓練不足にもつながりました。火薬や弾丸を豊富に入手していた信長軍が十分な訓練をして腕を磨けたのに対し、武田軍は未熟なままだったとも考えられています。

信長は、鉄砲を使いこなしたことで台頭したと言われます。その鍵は、火薬や弾薬などの付属品の調達にあったのです。

武器そのものの調達に加えて、火薬・弾丸の調達、さらに用兵も加えた総合力において武田軍を超えたことで、信長は長篠の戦いで勝つことができたと言えるでしょう。

鉄砲にかくれた陰の主役が日本製鉄砲を生んだ？

火縄銃とともに伝来したもの

さて、火縄銃とともに日本に伝来した重要なものがもう1つあります。それは、「ねじ」です。火縄銃には、ねじが使われていました。

現代ではあらゆるところに利用され欠かすことのできないねじですが、日本人は種子島に火縄銃が伝わった1543年までねじを目にすることはなかったのです。

ただし、世界では古くからねじが使われていました。

ねじが最初に使われたのは、紀元前280年頃に使われていたアルキメデスの揚水ポンプだとも言われています。真ん中に木製の芯棒があり、らせん状に板が打ちつけられています。

芯棒を回すことで、水を低いところから高いところへと汲み上げることができました。

また、紀元前240年頃にはオリーブの実を圧縮してオリーブオイルを取るための木製の三角ねじも使われたそうです。その後、西洋ではさまざまなものにねじが使われるようになっていきました。

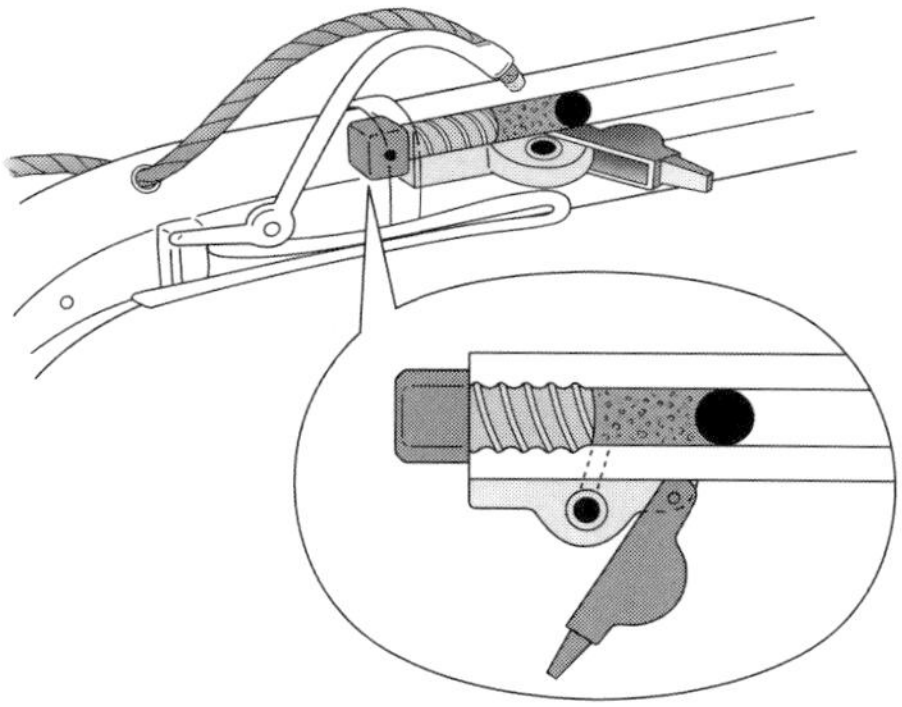

種子島の領主であった種子島時尭《ときたか》は、漂流したポルトガル人から2丁の火縄銃を購入しました。そして、そのうちの1丁を刀鍛冶の八板金兵衛《やいたきんべえ》清定《きよさだ》に与え、構造を調べて同じものを作るように命じたのです。

金兵衛が火縄銃を調べると、尾栓《びせん》のところにねじが使われていることが分かりました。

これは、火縄銃の末端側を開けられるようにしておくことで火薬の燃えカスを取り除いたり、銃身を覗き込んで曲がり具合を確認したりするためです。

金兵衛はどのようにねじを作ったのか？

火縄銃を再現するには、ねじも作らなくてはならないのです。

さて、日本では使われていなかったねじを金兵衛はどのように作ったのでしょう？

ねじには、雄ねじと雌ねじがあります。まず、雄ねじは軸に蔓《つる》や糸をコイル状に巻き付け、そのらせんに沿ってやすりで加工することで作りました。雌ねじは、加熱した銃身の銃口へ雄ねじを押し込むことで成形したと考えられます。加熱することで銃身が柔らかくなり、変形するようになるのです。

このようにしてねじが日本へ伝来し、日本でも作られるようになったのです。

ところで、日本にねじはなかったわけですから、作るのは簡単ではなかったはずです。そのことは、次のような伝説が残っていることからも分かります。

金兵衛には若狭《わかさ》という一人娘がいました。金兵衛が火縄銃の再現に昼夜を問わず苦心し、それでもうまくいかないのを目にしていました。

金兵衛は、銃身の末端部分を火薬の爆発に耐えられるほど強く塞ぐことがどうしてもできなかったのです。それは、ねじを作るのが困難だったからです。

そこで、ポルトガル人にその製法の伝授を乞いました。そうしたところ、ポルトガル人は「若狭を嫁にくれるなら教えてもよい」と言ってきたのです。

金兵衛は憤然とはねつけました。しかし、火縄銃作りは進展しません。そして、藩主はしきりに催促してきます。

そんな中、ポルトガル人の出した交換条件のことを、若狭が耳にしてしまいます。若狭は思い悩みましたが、憔悴しきった父の姿を目にして、ポルトガル人の嫁になることを決心しました。そして、金兵衛の手によって国産第1号の鉄砲が完成することになります。

一方、ポルトガル人の妻となって日本を離れた若狭は、夫の船に乗って再び種子島を訪れ、数日を生家で過ごします。このとき金兵衛は若狭が急死したと偽って葬式を出しますが、夫のポルトガル人はそれを見抜き、憤慨しつつ種子島を去ったということです。

このような伝説が残るほど、鉄砲を国産化できたことには歴史的に大きな意味があったのですね。

秀吉の「バテレン追放令」の裏に火薬あり？

バテレン追放令の本当の目的

種子島に漂着したポルトガル船は、日本に鉄砲を伝えました。そして、その後の日本の戦争では鉄砲を活用することが重要になりました。

ただし、ポルトガル人、そしてスペイン人が日本にもたらしたのは鉄砲だけではありません。彼らの目的はキリスト教の布教であり、そしてその先には日本を植民地化するという野心がありました。

これは、日本にとって放っておける事態ではありません。このことがその後の南蛮人追放につながりました。1587年、豊臣秀吉はバテレン（宣教師）追放令を発令しています。

一般的にはバテレン追放令は、南蛮人を追い出すことが目的とされていますが、じつは、秀吉がバテレン追放令を出した背景にあるのは南蛮人（ポルトガル人、スペイン人）が日本の植民地化を狙っていたことだけではありませんでした。

というのは、秀吉の時代の日本では軍隊が整備され、鉄砲も十分に国産されていました。そして、南蛮人が日本に侵攻するとすれば相当な時間をかけた航海が必要で、大軍が押し寄せるのは容易ではありません。日本は簡単に植民地化されるような状況ではなかったのです。


しかし、日本は南蛮人から屈辱的なことをされていました。日本人が奴隷として南蛮人に買われていたのです。それも、ものすごく安く買い叩かれていました。

ヨーロッパへ連れて行かれた若い女性は奴隷として、若い男性は兵士として売られていたのです。このことこそが、秀吉がバテレン追放令を発令した最大の理由だったのです。

火薬は奴隷と引き換えだった

実際には日本人が奴隷として売られる時期はしばらく続いていました。総数で数十万人の日本人が売られたという説もあります。

どうして、すぐに止められなかったのでしょう?

日本人を南蛮人へ売っていたのは、大名たちです。火薬と引き換えに売っていたのでした。

前節でも説明したとおり、戦国時代の日本では火薬を輸入に頼っていました。当時は硝石(硝酸カリウム)・硫黄・木炭を混ぜた黒色火薬が使われていましたが、そのうちの硝石は日本で生産することができなかったのです。

ちなみに、森林が多い日本では、木炭は容易に作れました。また、火山も多いので、硫黄も多くの場所で採取されました。あとは硝石だけでした。

戦争で重要な役割を果たすようになっていた火薬を、日本の大名たちは何としても手に入れたかったのです。

それに対して、南蛮商人は日本の若い男女を奴隷として売り渡すことを求めてきました。それも、火薬一樽《たる》に対して50人というものでした。日本が火薬を自前で作れなかったことの代償の大きさが分かります。

このような状況の中で、日本は簡単に南蛮人を追放することができなかったのです。追放したら、火薬を手にすることができなくなってしまったからです。

火薬の国産が遅れたのは日本が清潔だったから

それにしても、日本では生産できなかった硝石を、ヨーロッパではどのようにして手にしていたのでしょう？

西洋の通りで通行人の頭上から
汚物が降る様子

昔のヨーロッパでは下水設備が整えられておらず、人の排泄物を窓から外へ投げ捨てていました。外を歩いているときには上から排泄物が落ちてくる危険があるからと、みな帽子をかぶっていたほどです。

また、馬車を引っ張る馬の糞尿もそのままにされ、ヨーロッパの都市部の通りの土はアンモニアを多量に含んでいました。

また、ヨーロッパでは雨が少ないため動物の排泄物もあちこちに積もり、自然の中でもア

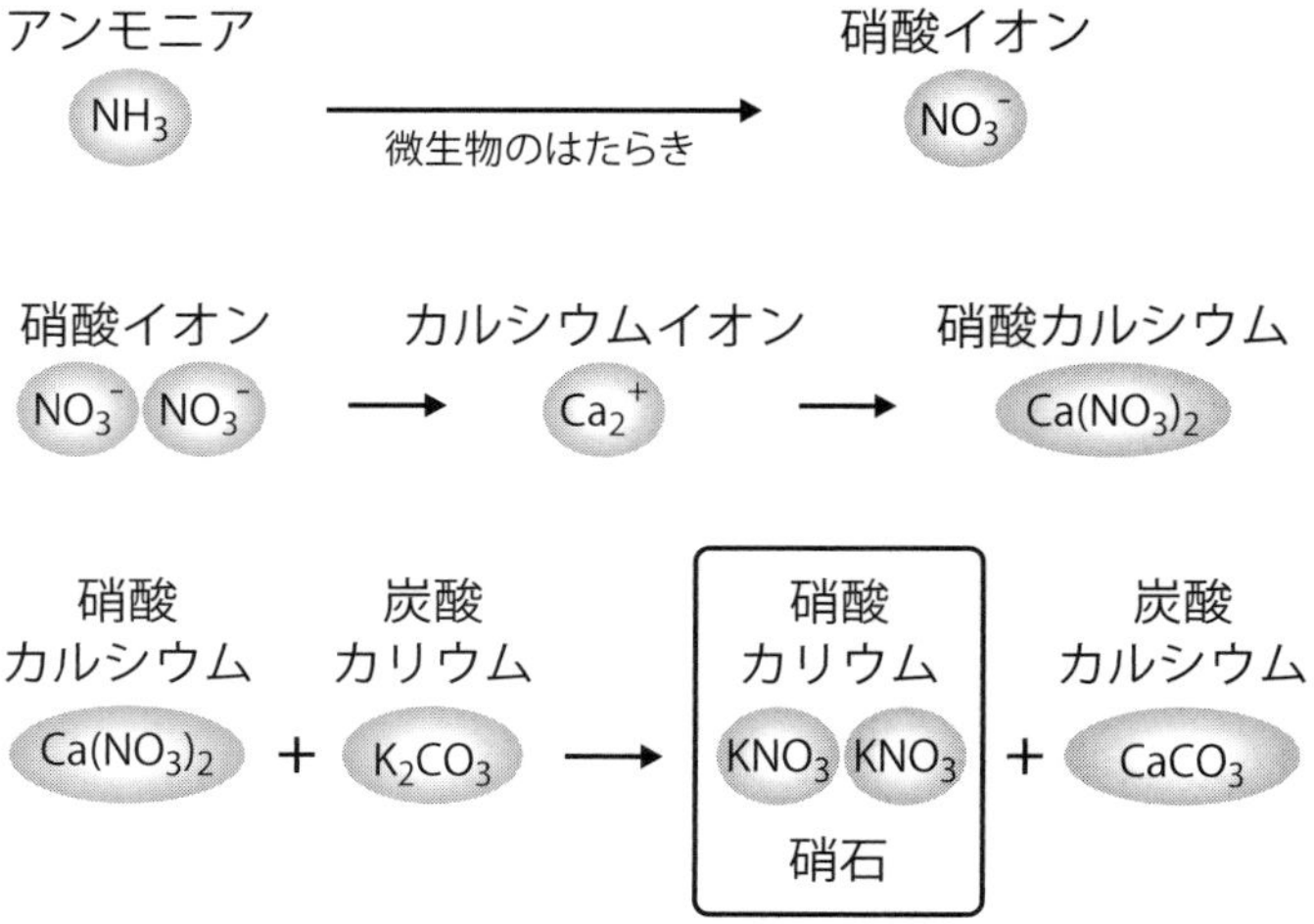

ンモニアの含有量が多い状態となっていました。

このように豊富に存在したアンモニアが、硝石の原料となりました。

アンモニアは、土の中にいる微生物のはたらきにより、「硝酸イオン」というものに変化します。そこに石灰や牡蛎《かき》の殻といった「カルシウムイオン」を多く含むものを加えると、硝酸イオンは「硝酸カルシウム」になります。ここへさらに、「炭酸カリウム」が含まれた草木灰を加えます。

炭酸カリウムは「炭酸イオン」と「カリウムイオン」からできています。このうち炭酸イオンは先ほどのカルシウムイオンと結びつき、「炭酸カルシウム」になります。

このようにしてできた液体中には、硝酸イオンとカリウムイオンが残ることになります。これらが結びついて硝酸カリウム、すなわち硝石となるのです。

ヨーロッパでは、このような方法で硝石が作られていました。アンモニアが多く存在していた環境は、思いがけず硝石生産の適地になっていたのですね。

これに対して、人家の便所にたまった糞尿を汲み取り屋が購入し、田畑の肥料にしていた日本では道路が清潔に保たれていました。

また、雨が多いために牛馬の糞尿も洗い流されることが多く、土壌にアンモニアがたまりにくかったのです。硝石の生産につながる要素は少なかったと言えます。そのような中でどうしても硝石の作り方が分からず、人を売ってでも購入せざるを得なかったのです。

雪深い土地で始まった硝石の国内生産

しかし、やがて日本でも硝石の作り方が発見され、生産されるようになります。

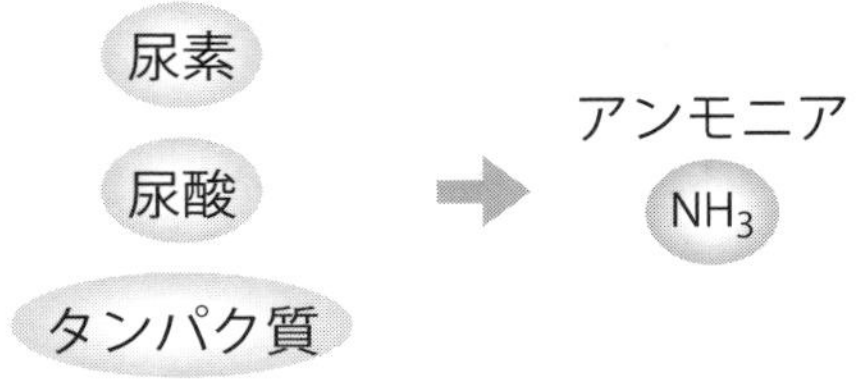

特に、合掌造り家屋で有名な白川郷（岐阜県）では江戸時代に硝石が作られていたことが、２００２年の化学分析によって分かっています。

硝石を作るには、硝酸イオンが必要でした。合掌家屋では、床下の土に硝酸イオンを蓄積させていたのです。その方法は、次のようなものだったと考えられています。

まず、床下に穴を掘ります。そこへ蚕《かいこ》の糞、人尿、ヒエなどの山草を加えます。

蚕の糞や人尿には尿素や尿酸が、山草にはタンパク質が含まれています。これらは微生物のはたらきにより、アンモニアへと変化します。そして、44ページで説明したように硝酸イオンに作り変えられます。このようにして、土の中に硝酸イオンが蓄積していきます。

合掌家屋の床下では、前述の工程を何度も追加し、4～5年かけて硝酸イオンを含む土を作ったと考えられています。

なお、こういったことを床下で行ったのは雨を避けるためです。雨水は簡単に硝酸イオンを溶かし出してしまうのです。

白川郷の合掌家屋の床下の土壌分析では、硝酸イオンだけでなくナトリウムイオンも多く含まれていることが分かりました。

ナトリウムイオンは食塩（塩化ナトリウム）の成分であり、人尿中に多く含まれています。硝石作りに人尿を利用していたことを示しているのです。

白川郷では、遅くとも17世紀初めには硝石作りが始まっていたとされています。ただし、製法は古文書でしか見つかっていません。火薬原料の生産という軍事秘密を守るためだったのでしょう。

冬は雪に閉ざされて外部と隔絶されることの多かった白川郷は、火薬原料の生産の適地だったのです。

白川郷

このように日本でも硝石を作れるようになり、南蛮人から火薬を買う必要もなくなりました。そうなれば、日本人を奴隷として扱う南蛮人とはおさらばです。秀吉がバテレン追放令を発令する環境が整ったのです。

なお、火薬を日本で作れるようになると、用途も戦闘以外に広がりました。狩猟の鉄砲に使われたり、花火に使われたりもしました。

江戸時代に花火が発達したのにも、火薬を作れるようになったことが深く関係しているのですね。

大坂城を攻略した大砲にはどのくらいの性能があった？

日本ではすぐに大砲が普及しなかった

さて、前述のような経緯によって、火薬が日本でも生産できるようになりました。そして、火薬をより効果的に使用することで、より強力な武器が登場してきます。

そのひとつが大砲です。より大きな弾を、格段の飛距離で飛ばすことができます。

中国では、古くから投石器が使われました。『三国志』やマンガ『キングダム』などで、投石器を使って城壁や高楼を破壊するシーンに興奮した人も多いと思います。

投石器は、ねじったロープのエネルギーによって巨大な石を遠くまで投げることを可能にします。ただし、投石器の操作にはものすごい力が必要で、数百人がかりのものもありました。１００キログラム程度の石なら数百メートル飛ばせたようですが、それが限界でした。

この限界を超えるのには、火薬が必要でした。

中国やヨーロッパでは、14世紀の初めに大砲が登場したようです。火薬を使う大砲の登場で、少ない人数でより遠くまで砲弾を飛ばせるようになったのです。

大友宗麟の大砲「国崩し」（レプリカ）

このような中で、日本は後れを取っていました。

日本史に初めて大砲が登場するのは、１５７６年に大友宗麟がポルトガルから入手した大砲です。戦国時代真っただ中で、実際に大友宗麟は織田信長に大砲を贈ったといいます。

ところが、その後も日本ではなかなか大砲は普及しませんでした。

鉄砲を大量生産していたのですから、さらに大きな大砲を手にすれば戦を有利に進められると考えそうですが、大名たちはどうして熱心にならなかったのでしょう?

いくつかの理由があります。

まず当時の日本の道路が整備されていなかったことです。大砲はたいへん重いので、移動が容易ではありません。移動の手段も考えなければならなかったのです。戦争では山岳地帯が舞台となることが多かったことも、大砲の普及を妨げました。

また、日本では鉄の生産力が低く、輸入に頼っていました。大砲を作るには貴重な鉄を大量に使わなければならないため、躊躇したのでしょう。金属加工技術も未熟で、大砲の国内生産は簡単にできなかったと考えられます。

さらに、日本では大砲に飛距離を求めることが多く（後述）、製造に莫大な費用がかかりました。そのため、容易に普及しなかったのです。

朝鮮出兵によって日本は大砲の重要性に気づいた

なかなか大砲が普及しなかった日本ですが、その重要性を知る機会がやってきます。

秀吉による朝鮮出兵です。

１５９２年、日本は朝鮮への侵攻を始めます。日本軍は、槍や刀、そして鉄砲において圧倒的な強さを示しました。そのため緒戦を破竹の勢いで勝ち進みましたが、水軍戦において徹底的に痛めつけられ、戦況が一変します。大砲を具備していた朝鮮の水軍に、日本の水軍はなすすべがなかったのです。特に、明が参戦してからは陸戦においても大砲による攻撃を受けるようになり、戦況が悪化しました。

この経験は、秀吉にとって大砲の重要性を知る教訓となりました。そして、本格的に大砲の国産化に乗り出したのです。

秀吉は、堺の鉄砲鍛冶に大砲を作ることを命じました。そして、それを大坂城に配備したのです。大坂城には、朝鮮から得た大砲も備えられました。

家康の大砲の性能

秀吉亡き後、天下は家康の手に渡っていきます。

その過程で、難攻不落の大坂城の攻略が大きな課題となりました。このとき家康が頼りにしたのが、大砲だったのです。

家康は、大坂城攻略のために大砲の製造を命じていました。それも、それまでの大砲とは比べものにならないほど重厚なものです。

家康の大砲は3・6キログラムの弾丸を飛ばすものでしたが、大砲本体にはその470倍もの重量を求めました。これは家康が、頑強で安定するのと同時に、長い射程距離と高い命中精度を求めたためです。

ヨーロッパのカノン砲では本体重量は弾丸の150倍ほど、遠距離砲であるカルバリン砲でも250倍程度でした。

カルバリン砲
(©PHGCOM/CC BY-SA 3.0)

家康が使用した大砲の大半は朝鮮半島から持ち帰ったものや国産のものでしたが、最新式のヨーロッパ製の大砲も購入していました。前述のカルバリン砲をイギリスから4門購入しました。カルバリン砲には6300メートルもの射程距離がありました。

さらに、カルバリン砲以上の射程距離を持つセーカー砲という大砲をイギリスから1門購入しています。その他にも、オランダなどからいくつもの大砲を購入しています。

重い弾丸を遠くへ飛ばそうとするほど、大砲本体にも重量が求められます。それは大きな力を加えないと重い弾丸が遠くまで飛ぶことはないからです。

弾丸を飛ばす力は、火薬の爆発によって生まれます。爆発のとき、大砲本体にも力が加わります。軽い大砲では、その力によって姿勢が安定しなくなるのです。

大砲が大型化していったのには、このような理由があるのです。

多数の大砲で大坂城を取り囲んだ家康は、一斉砲撃を行いました。特に、大坂城北方に位置する淀川の備前島には100門もの大砲を配備しました。

家康軍による砲撃は大坂城の本丸にも届き、淀君の侍女8名が命を落としました。

大砲の威力とそれへの恐怖が、淀君を和議へと進める決定的な要素となったのです。

新選組にとって剣と銃はどのような意味を持っていた？

新しい時代の到来を悟った土方

土方歳三

幕末の歴史の中で人気があるのは、なんといっても新選組でしょう。倒幕を企てる人物を粛正し、幕府の体制を維持するのがその任務でした。

新選組には局長の近藤勇、副長の土方歳三をはじめとして剣の腕に優れた隊士が集まっていました。

特に有名なのは、１８６４年の池田屋事件です。

新選組は、京都の旅籠・池田屋に潜伏していた尊王攘夷派の志士を襲撃します。志士7人が死亡し、23人が捕縛されたとされています。池田屋事件は新選組の名を京都中に広め、多くの人が目的達成のために手段を選ばない暗殺集団に恐怖しました。

新選組は幕府の体制維持のために働きましたが、倒幕の流れを変えるには至らず、幕府は大政奉還を行うことになります。そして、1868年には新政府軍と旧幕府軍による鳥羽・伏見の戦いが起こります。

このとき、病床にあった近藤勇にかわって新選組を指揮したのは土方歳三です。池田屋事件でも活躍した、腕の立つ剣士です。ところが、その腕前が活かされることはなかったのです。この頃には両軍とも銃を装備しており、戦いの中心は銃撃戦となっていたからです。刀が活躍する時代は終わりを告げようとしていたのです。

いくら剣の腕を磨いていても、銃口を向けられては刀の間合いまで近づくことすらできません。この戦いで新選組は退却を余儀なくされ、旧幕府軍も敗北となりました。

土方歳三はこの経験から、これからの戦争では剣や槍は役に立たないことを実感したのです。

このような経緯を経て、新選組は銃装備に力を入れるようになりました。そして、西洋式の戦術を取り入れ、訓練を重ねました。

土方歳三に限らず、新選組は「剣豪の集団」というイメージが強い方も多いと思います。しかし、剣だけに固執していたわけではありません。西洋の武器、そして西洋の戦術を取り入れ、戦い方を変化させていったのです。

そういう意味で、新選組は最後まで進化を続けた集団だったと言えるでしょう。だからこそ、戊辰戦争においても最後まで勇名を馳せることになったのです。

日本で対決したゲベール銃vsミニエー銃

幕末になると、江戸幕府も各藩も相次いで西洋から銃を購入しました。かつて国内で生産できた火縄銃に比べ、西洋の新しい銃は比べものにならないほど進化し、使いやすく強力になっていたためです。

旧幕府軍が西洋から輸入したのは、ゲベール銃と呼ばれるものでした。

これは、球形の弾を使う銃です。飛び出す速度を大きくすることで威力を発揮しますが、落下を免れることはできません。つまり、放物線を描くことになります。そのため、飛距離

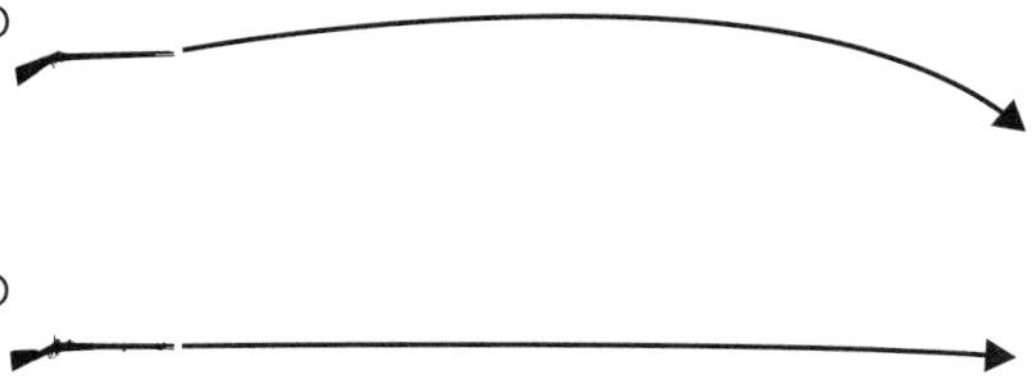

を伸ばすのも難しく、命中率も低いのが難点でした。
西洋でも最初はゲベール銃を使っていましたが、このような難点を克服するための改良が行われました。そして生まれたのが、ミニエー銃です。

ミニエー銃では、椎《しい》の実のような形をした弾を使います。そして、銃身内部にらせん状の溝（施条）をつけます。すると、弾が回転しながら飛び出すことになります。このことが、ものすごい効果を発揮するのです。

ゲベール銃から飛び出す弾は、回転していません。そのため、空気抵抗の影響を強く受け、軌道が安定しないのです。

これはちょうど野球のピッチャーが投げたナックルボールや、サッカーで回転をかけないように飛ばされたボールが揺れながら飛ぶのと同じです。このことが、ゲベール銃の命中率の低さにつながっていました。

これに対して、回転しながら飛んでいくミニエー銃の軌道は安定します。野球でいえば、回転のかかったストレートボールが飛んでいくのに対応します。そのため、弾は遠くまで飛び、軌道を計算できるために命中率も高くなるのです。

回転するものは、その姿勢を保とうとします。これは、ジャイロ効果と呼ばれる現象です。例えば、回転するコマは姿勢を保っていますが、回転が弱くなると倒れてしまいます。自転車に乗るときも、車輪を回さずに姿勢を保つのは無理ですが、走っているときには車輪が回るため姿勢が安定します。

ミニエー銃の銃身内部
(©Petar Milošević/CC BY-SA 4.0)

射程距離で比較すると、ゲベール銃が100～200メートルだったのに対して、ミニエー銃の射程距離は500～1000メートルにもなります。

西洋では、ゲベール銃からミニエー銃への置き換わりが進みました。すると、ゲベール銃が余るようになりました。このことが、ゲベール銃の値崩れを起こします。幕末に日本が西洋から大量に銃を輸入したのは、非常に安く入手できたからなのです。

また、南北戦争が終結した頃のアメリカでは大量に銃が余りました。日本はこのタイミングでアメリカからも安く銃を購入するようになります。

このような中で、いち早くミニエー銃を取り入れたのが薩摩藩や長州藩でした。旧幕府軍も、遅れながらもミニエー銃を導入するようになりました。

ミニエー銃は、アメリカの歴史だけでなく、日本の歴史をも大きく動かしたのです。

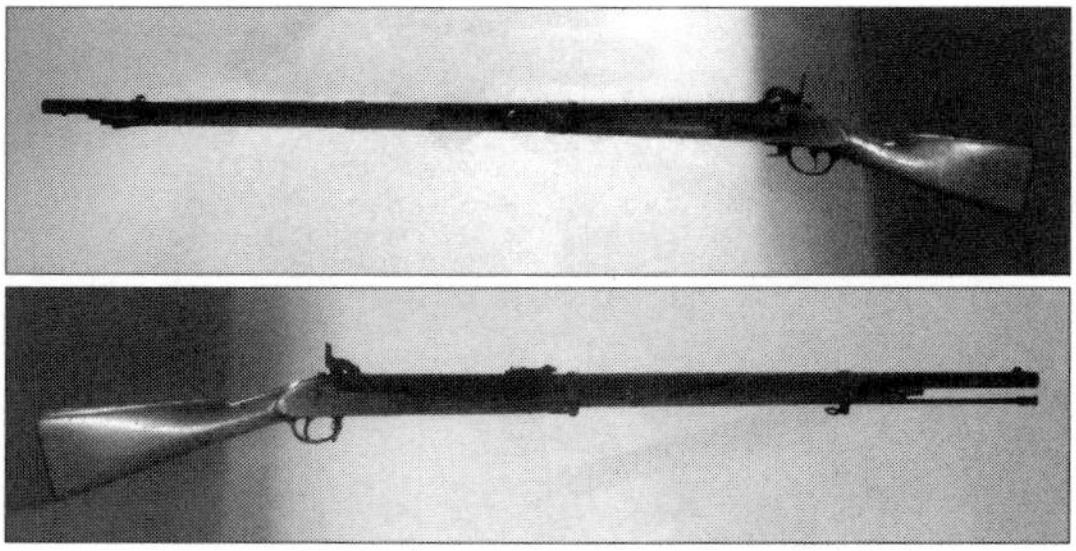

ゲベール銃（上）と日本式ミニエー銃（下）

ミニエー銃の弾は膨らむ

ミニエー銃に欠点はなかったのでしょうか？

まず、銃身内部にらせん状の溝を施すことは、簡単ではありませんでした。のちに機械化によって量産が可能になりましたが、それまで（発明から100年以上の間）は狙撃用など限られた用途にしか使われなかったそうです。

また、弾を詰め込むときに銃身内部の溝に引っかかってしまいます。そのため、とても時間がかかってしまいました。これでは、実戦での使用に支障が出てしまいます。

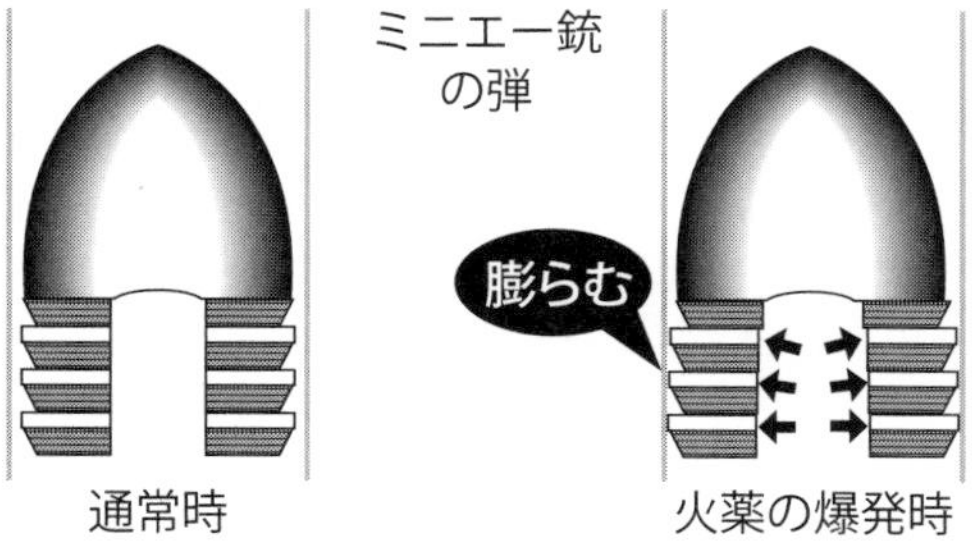

この問題を解決した画期的な方法は、弾を銃身の口径よりも小さくするというものでした。しかし、それでは隙間ができてしまい、ガス漏れが起こって火薬爆発の威力が弾に十分伝わらなくなってしまいます。

そこで、火薬の爆発と同時に銃身の大きさまで膨らむ弾を使ったのです。そうすれば、スムーズに詰め込むことができ、飛び出すときには火薬爆発の力を十分に受けられる、という理想的な銃となるのです。

詰め込むときには銃身の口径より小さかった弾が、火薬の爆発とともに銃身の内側に密着するほど膨張するのはなぜでしょう?

弾の形を図のように工夫することで、これを可能にしました。ミニエー銃の弾には、凹んだ部分があるのです。火薬が爆発すると、銃身内の空気が膨張しようとして、凹んだ部分を強く押します。

この力によって、弾が銃身内部に密着するように膨張するのです。弾の形を工夫することで欠点を補い、ミニエー銃を実戦で使えるものとしたのです。

ものすごい工夫が詰まっていることが分かります。


さて、新政府軍に最後まで抵抗した新選組でしたが、時代の流れには逆らえませんでした。誰もかなわないほどの剣の腕を持っていた土方歳三も、銃弾に撃たれて最期を迎えることになりました。このときには、土方らも銃に頼って戦っていました。刀の時代から、銃の時代へと変わっていたのです。

武士たちが剣の腕を磨くことに励んだ江戸時代でしたが、その最後に活躍したのは刀ではなく銃だったのです。

日露戦争で大国ロシアに勝てたのは優秀な火薬のおかげ？

世界に衝撃を与えた日本の勝利

江戸時代までの日本における争いは、主に国内でのものでした。それが、明治時代へと進むにつれ、他国との争いへと移り変わっていきました。

その中で、大きな戦果を挙げたのは日露戦争でしょう。

ご存知の通り、日露戦争は日本の勝利に終わりました。軍備増強を進めたとはいえ、どうして大国ロシアに日本は勝てたのでしょう。

日本に大きく勝利を手繰り寄せたのは、日本の連合艦隊とロシアのバルチック艦隊が日本海で戦った日本海海戦です。

東郷平八郎率いる連合艦隊がロシアのバルチック艦隊を見事に破ったのです。2日間の激しい戦闘の末、バルチック艦隊の19隻を撃沈させ、7隻を捕獲または抑留しました。一方で、日本の損失は水雷艇3隻のみでした。

ロシアは、この敗戦で太平洋に配備していた艦隊をすべて失うことになりました。このことがロシアの戦意を大きく喪失させ、講和へと進むことになったのです。

日本がロシアに勝利したことは、世界に衝撃を与えました。そして、日本は世界から文明国と認められるようになり、それまでの不平等条約の改正を勝ち取ることになります。また、列強の植民地とされていたアジアやアフリカの国々に、独立への希望を与えることにもなりました。

日本を勝利へ導いた火薬

海戦では、敵機に対していかに強力な砲弾を打ち込むかがポイントとなります。じつは、日本は非常に強力な爆薬の開発に成功し、砲弾だけでなく魚雷、機雷、爆雷にも用いたのです。これが、日本海海戦に勝利した要因です。

なお、爆薬は火薬と似たようなものですが、衝撃波という強力な圧力の波を伴って爆発するものを特に「爆薬」と言います。

強力な爆薬を開発したのは、日本の下瀬《しもせ》雅允《まさちか》という化学者です。下瀬は海軍兵器製造所で火薬の研究に従事し、「下瀬火薬」と呼ばれることになる強力な火薬（爆薬）を開発したのです。１８９３年のことでした。

漆を使って爆薬をコントロール

下瀬雅允

下瀬が開発したのは、ピクリン酸という物質を成分とする爆薬です。

ただし、ピクリン酸は火薬（爆薬）としてではなく、染料として１７７１年にドイツで発明されました。当初はピクリン酸に爆発性があることは知られておらず、１００年後に爆発性が見つかりました。

ところが、ピクリン酸には「金属と結合して変化してしまう」という弱点がありました。これでは、砲弾など金属でできたものに充填して使うことができません。

そこで、下瀬は砲弾の内壁に漆を塗るという工夫を施したのです。さらに、砲弾内壁とピクリン酸の間にワックスを注入しました。こうすることで、ピクリン酸と金属との接触を防ぐことができ、ピクリン酸の性質を維持できるようになったのです。

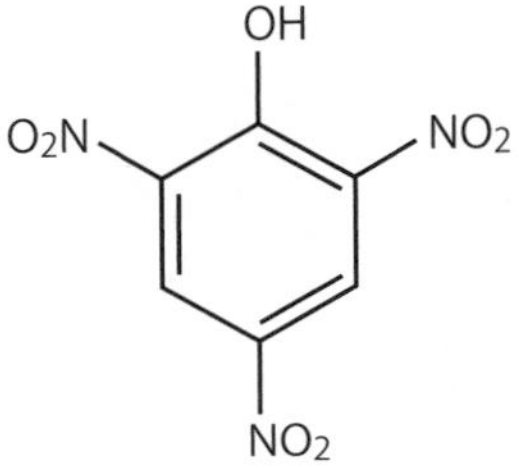

ピクリン酸

火薬の威力はどのように決まるのか？

少し難しいですが、ピクリン酸は右のような化学式で表されます。注目していただきたいのは、ピクリン酸の中にはO（酸素）がいくつも含まれているということです。これが、激しい爆発を生む鍵なのです。

そもそも、火薬（爆薬）は石油や石炭、木炭などと同じく、酸素と反応して燃焼し、熱や光を発するという反応をします。違いは、反応の速さです。普通の燃料はゆっくりと燃えるのに対して、火薬（爆薬）は〝一気に〟燃えるのです。

ものが燃えるには、酸素が必要です。燃料がゆっくり燃えるのは、燃料の酸素と触れている部分だけが燃えるからです。例えば、油に点火したら空気と触れている表面だけが燃え、内部が燃えることはありません。それに対して、火薬では内部でも燃焼反応を起こすため、反応が速く進むのです。

以上が普通の燃料と火薬（爆薬）との違いですが、火薬（爆薬）の中でも威力に違いがあります。ピクリン酸は、黒色火薬よりもずっと強力です。それはどうしてなのでしょう？

このことも、先ほどの仕組みから理解できます。黒色火薬では、硝酸カリウムから発生した酸素が一緒に混ぜられている硫黄や木炭と反応しました。これらは一緒に混ぜられているので問題になるほどではありませんが、あくまでも別の物質です。

これに対して、ピクリン酸では酸素を生み出す部分と燃える部分がひとつの物質（分子）の中に同居しているのです。これほど近いことはありません。そのため、非常に速く（短時間で）一気に爆発が起こり、猛烈な威力を生み出すのです。

なお、燃料自体が酸素を生み出して燃焼を連鎖的に起こす反応は、ロケットにも利用されています。空気がほとんどない宇宙空間までロケットを打ち上げるには、酸素のない状態でも燃料が燃え続ける必要があります。燃料自体が分解して酸素を生み出すことで、これが可能となるのです。

強力なものを活用できるよう工夫したのが、下瀬火薬だったのです。下瀬雅允は、指を失う実験事故を起こしたこともありました。それでも研究を続けたことで、世界を驚かせた日露戦争勝利を日本へもたらしました。

太平洋戦争で再び下瀬火薬が使われるようになったのはなぜ？

さて、下瀬火薬に使われるピクリン酸は左の図のような反応によって合成される物質です。難しい化学式が登場しますが、ここでは原料がフェノールという物質なのだということだけ理解していただければと思います。

フェノールは、殺菌消毒薬として利用されている物質です。また、歯科用の局所麻酔薬と

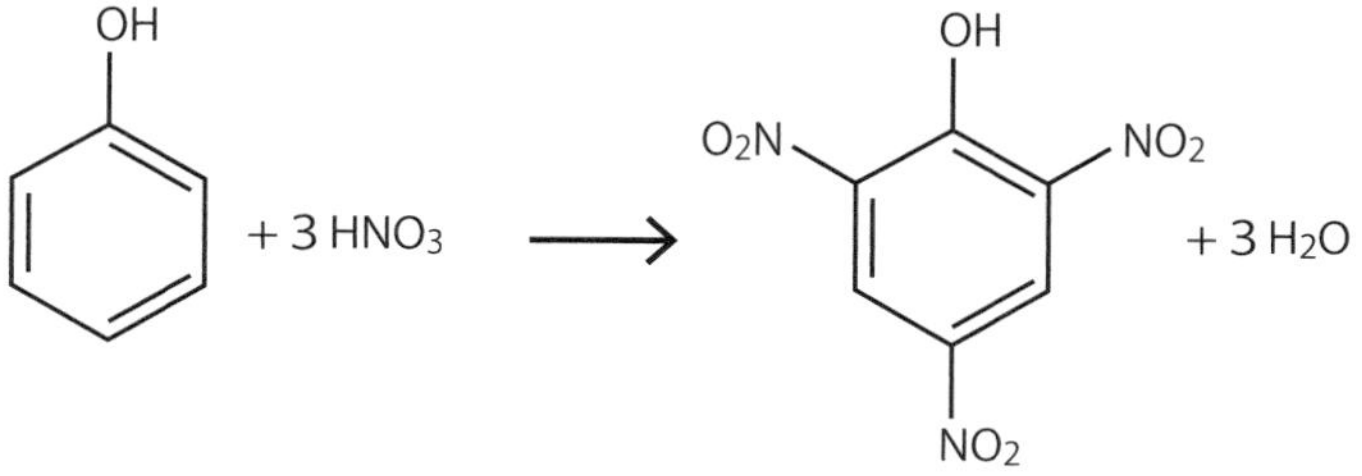

ピクリン酸の製法

しても使われています。さらには、痛みやかゆみを止める目的で薬に配合されることもあります。

フェノールは現在は石油を分留（加熱して成分ごとに分ける）して製造していますが、かつては石炭を高温で蒸し焼きにして得られる黒色の油状液体であるコールタールを原料として作っていました。

日露戦争以降は旧式化していく下瀬火薬でしたが、太平洋戦争で再び使用されるようになりました。

それは、当時主流となっていたトリニトロトルエン（ＴＮＴ）という火薬が石油原料を必要とするのに対して、下瀬火薬（ピクリン酸）は石炭から製造できたからです。石油不足に陥っていた日本は、再び下瀬火薬を頼ることになったのです。

下瀬火薬の発明が、日本の戦争に多大な影響を与えてきたことが分かりますね。

無煙火薬の登場

火薬を製造できるようになった日本は、その後戦争で用いました。ただし、黒色火薬には燃焼速度をコントロールしにくいという欠点がありました。これは、含まれる木炭の種類だったり、硝石（硝酸カリウム）・硫黄・木炭の配合だったり、火薬のかたまりの形状だったりといったものの違いの影響と考えられます。安定した燃焼速度を実現する黒色火薬を作ることは簡単ではなかったのです。

また、黒色火薬を燃やして発生する白煙も邪魔ですし、燃えカスが残ってしまうという欠点もあります。

これを克服したのが無煙火薬です。

無煙火薬は、1884年に開発されました。その名の通り煙を発しないだけでなく、燃焼速度を調節できるというメリットがあったのです。安定した火薬として重宝されました。ヨーロッパに普及した無煙火薬を、日本人も視察しました。そして、日本へもその技術を持ち帰り国内製造できるようにしたのです。

無煙火薬は、植物の繊維であるセルロースという物質を原料として作ります。実際には木綿を使うわけですが、これを硫酸や硝酸といった化学物質と反応させてニトロセルロースという物質に変化させるのです。

さて、明治時代以降日本は戦争を続けることになるのですが、資源に恵まれない島国日本は物資の調達に苦労することもありました。そのような中で、木綿を原料として作ることができる無煙火薬は重宝され、いくつもの砲弾を発射させることとなりました。

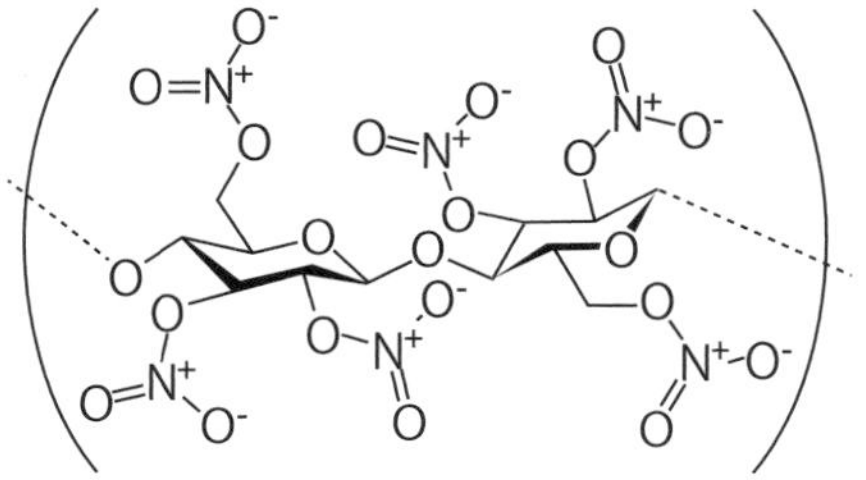

ニトロセルロースの部分構造

ニトロセルロースが火薬としてはたらく仕組み

ニトロセルロースは、図のような化学式で描かれます。「繊維」を表す「セルロース」は、多数の原子が細長くつながった構造を持っています。このあらゆる箇所にNO_2と表されるパーツが結びついているのがニトロセルロースです。このNO_2を「ニトロ」と表すのです。

さて、ここでお気づきの方もいるかもしれませんが、NO_2には酸素Oが含まれています。そうです。これは黒色火薬に用いられた硝酸カリウムKNO_3と同じように酸素Oを持っているのです。だから、熱によって分解して酸素を発生し、次々と燃焼を進めていくのです。

このようにして、ニトロセルロースは火薬として機能します。

爆薬を安全に使う方法

さて、砲弾を発射するときに用いるのは火薬ですが、爆弾には爆薬を用います。爆薬は「衝撃波を伴って爆発する火薬」と言えます。爆薬は戦争だけでなく、トンネル工事や建築物の解体など多くの場面で利用されています（ちなみに、ロケットの打ち上げに使うのは爆薬ではなく火薬です。一気に爆発するのではなく、自ら酸素を補給しながら燃焼を続ける必要があるからです）。

爆薬の代表例はダイナマイトであり、アルフレッド・ノーベルが発明したことは有名です。

その原料はニトログリセリンです。

やはり「ニトロ」がつくわけですが、その名の通りNO_2というパーツを持っています。

そのため酸素が次々と放出され、一気に反応が起こるというわけです。

ただし、ニトログリセリンの爆発力は強烈で、些細な衝撃でも爆発してしまいます。そのままでは扱えない代物なのです。

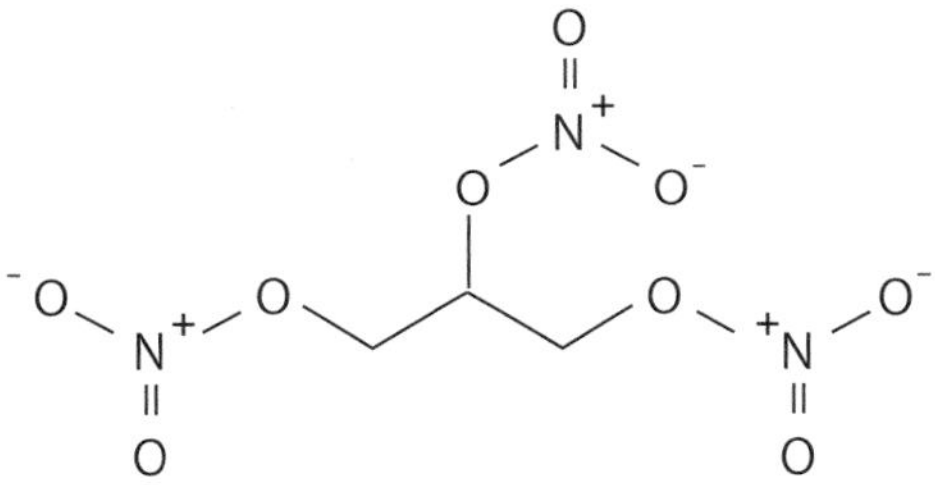

ニトログリセリン

これを安全に扱えるようにしたのがノーベルです。彼はニトログリセリンを珪藻土《けいそうど》という隙間の多い構造へ染み込ませることで、安全に利用できる爆薬としたのです。

ダイナマイトは、戦争でも活躍しました。そして、その後にトリニトロトルエンも発明され、特に戦争において威力を発揮することになりました。トリニトロトルエンは非常に爆発力が大きい一方で、単純な衝撃や熱には反応しないため、安全に取り扱えるのです。

日本史の中で、火薬が登場する場面と火薬が与えた影響について見てきました。火薬は日本史において目立つ存在では決してないでしょう。しかし、火薬がなければ起こらなかったかもしれないこと、結果が変わっていたかもしれないことがたくさんあることが分かります。火薬にまつわる科学が、じつは歴史をリードしてきたのかもしれません。

2章

刀

刀のための鉄はどのように作る？

反りのない刀の伝来

日本人が初めて刀を目にしたのは弥生時代だと言われます。中国で生まれた銅剣が朝鮮半島を経て日本へ伝来しました。

ただし、伝来したのは直刀と呼ばれるものでした。

中国では、三国時代（3世紀）には騎兵が発達したことから、斬ることを目的とした直刀が流行するようになりました。この武器が弥生時代の日本へ伝来することになるのです。

日本では大きく2つの目的で使用されたようです。

1つは祭器として、もう1つは武器としてです。

祭器としての刀は、神事や古墳の副葬品として使用されていました。

一方、武器としては、伝来したものがすぐにそのまま主流になったというわけではなかっ

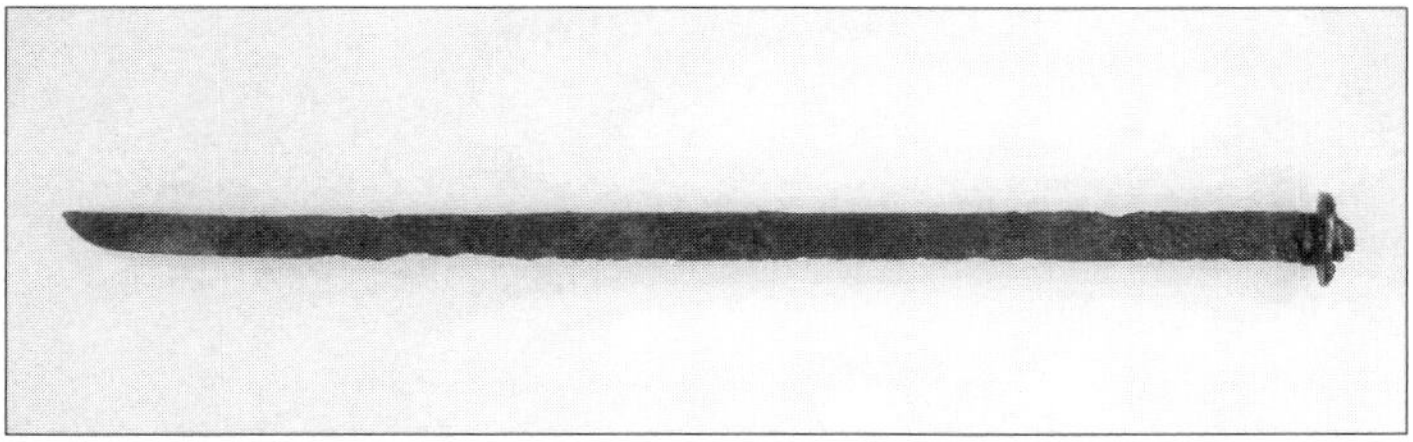

古墳時代の直刀（出典：ColBase（https://colbase.nich.go.jp/））

たようです。刀が中国大陸から伝わったのちにも、古墳時代から奈良時代にかけての主な武器は槍や矛、弓矢でした。刀が武器として使われるようになったのは、合戦の規模が大きくなった飛鳥時代の頃のようです。

その後、使用目的が祭器から武器に変わったことで、頑強さが求められるようになっていくことになります。

反りは日本で生まれた

さて、ここまで「直刀」と呼んできましたが、この言葉は、刃がまっすぐであることを強調したもので、反りのある刀と区別するための呼び方です。

じつは、刀身の反りは日本で独自に進化したもので、もともと刀はまっすぐなのが普通だったのです。

7世紀頃には柄の頭が早蕨《さわらび》のように丸まった形をした「蕨手刀《わらびてとう》」

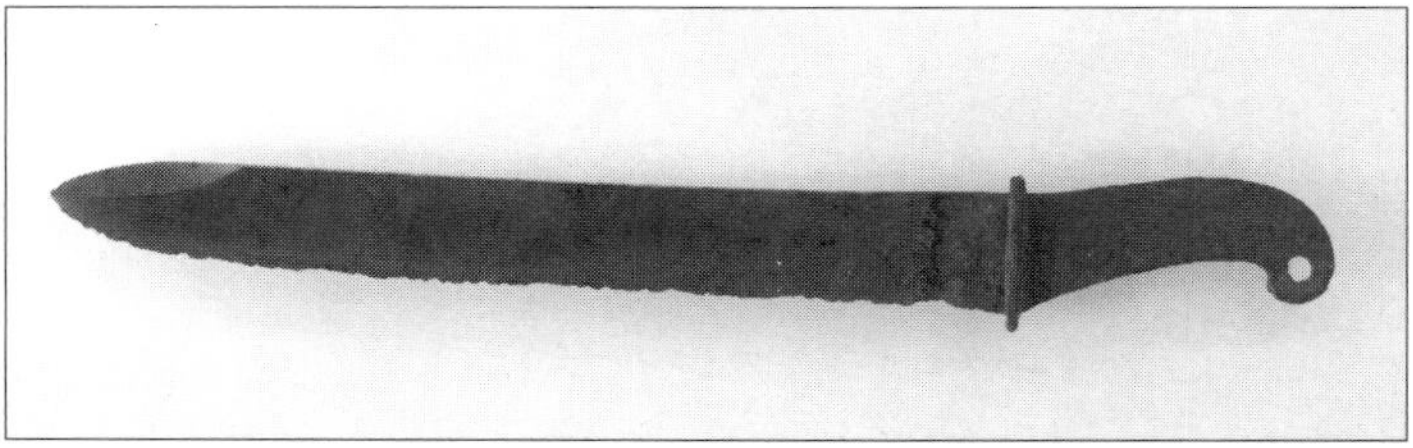

柄頭が特徴的な蕨手刀（出典：ColBase（https://colbase.nich.go.jp/））

と呼ばれる刀が誕生します。

この形状が誕生した理由は明確には判明していませんが、当時片手刀として馬上で扱っていたことから握りやすい形が追求され、この形が生まれたと言われています。

そして、蕨手刀は「毛抜《けぬき》形蕨手刀」へと改良されます。これは、蕨手刀の柄に透かし（穴）を入れたものです。ここへ指先をかけることで握る力が強くなり、相手を斬ったときの衝撃を和らげる効果があったようです。

反りのついた刀、いわゆる日本刀が誕生したのは平安時代の中期のようです。

この頃になると、騎馬戦を主とする武士たちが勃興し始めました。直っすぐな形より反りのついた形の方が、馬上で抜刀をしやすかったのです。また、馬上から地上にいる敵を撫で切るのにも、反りのついた形が適していたのです。

敵を突き刺すには直刀の方が向いていますが、それをメインとしない騎馬戦の中で日本刀が重宝されるようになったのです。

そして、日本刀の誕生にはもうひとつ、製造過程における科学的な理由があります。

強さを求めてたどり着いた鉄

人類が最初に利用を始めた金属は銅でした。

ただし、純粋な銅ではなく「青銅」と呼ばれる合金を使用してきました。銅と錫《すず》を混ぜ合わせたもの（合金）を青銅と呼びます。街角のブロンズ像などでも見かけることができます。

なぜ銅そのものでなく合金にするという手間をかけるのかというと、技術的な問題があるためです。

銅を加工するには、１０８５℃まで温度を上げて融《と》かす（液体にする）必要があります。

ただし、これほどの高温を実現するのは容易ではありません。当時から存在した木炭を燃焼させても、現代のガスコンロで強熱しても、せいぜい１０００℃くらいにしか温度は上がらないのです。

これに対して、錫は232℃というずっと低い温度で融《と》ける金属です。

銅へ錫を混ぜると、875℃で融けるようになります。この温度なら、木炭でもなんとか到達可能です。そこで、錫を銅に混ぜることで融ける温度を下げ、加工しやすくしたのです。

ただし、融けやすいことは柔らかいことにつながります。青銅の武器としての強度は十分ではありませんでした。

加えて、銅の「イオン化傾向」が鉄のイオン化傾向より小さいことも大きな理由です。

聞きなれない言葉が登場しましたが、これは簡単に言えば「酸素との結びつきやすさ」のことです。

自然界の中で、銅や鉄などの金属は、酸素など他の物質と結合した形で存在していることがほとんどです。そこから結合しているものを除去して純粋な金属としているのです。このとき、鉄は銅よりも酸素などと強く結びついているため、引き離すの

が大変なのです。そのため、より高温で反応させるなどの努力が必要となります。

ここで、「硬いものを求めるなら、石があるじゃないか」と思われる方もあるかもしれません。たしかに、石でなら硬い武器が作れそうです。しかし、石には「脆《もろ》い」という欠点があります。戦争において脆さは致命的です。

そこで、青銅に取って代わったのが鉄でした。鉄は1538℃まで温度が上がらないと**融けません**。このことは、強度にもつながっています。

鉄の場合は、後述するように含まれる炭素の量を調整することで、しなやかさを持たせることができます。「硬いけれども丈夫」というものが実現できるのです。

これが鉄の長所であり、今日でももっとも多く使用される金属である理由です。

砂鉄を使った日本独自の製鉄法

では鉄はどのように作るのか？　少し長くなりますが、刀の強さにも関わる話なので、丁寧に説明します。

鉄の原料は鉄鉱石です。鉄鉱石とは、酸素と結びついた鉄のかたまりのことです。この鉄鉱石を木炭と混ぜて加熱すると、酸素は鉄から分離し、炭素と反応して二酸化炭素となります。その結果、鉄のみを取り出すことが可能になります。よって、製鉄というのは一言で説明するなら「鉄鉱石から酸素を取り除くこと」ということになります。古代から現在まで世界中で利用されている鉄ですが、鉄を作る原理はこれ以外にはありません。

鉄鉱石は、地球上に豊富に存在する資源です。ただし、それが酸素と結びついたままでは使いものにならず、酸素を取り除いて鉄だけにしなければならないのです。

そのための手段を、長い歴史の中で人々は工夫してきました。

古代から行われてきた製鉄法は、次のようなものです。

鉄鉱石を木炭と混ぜ、４００~８００℃ほどに加熱します。ふいごという空気ポンプのような道具を使って送風することで、温度を上げ、鉄を作りました。このとき、木炭（炭素）と反応することで鉄鉱石から酸素が取り除かれて、鉄ができるのです。

一説では、人類が最初に使用を始めた鉄は隕石に含まれる鉄である「隕鉄《いんてつ》」だろうと考え

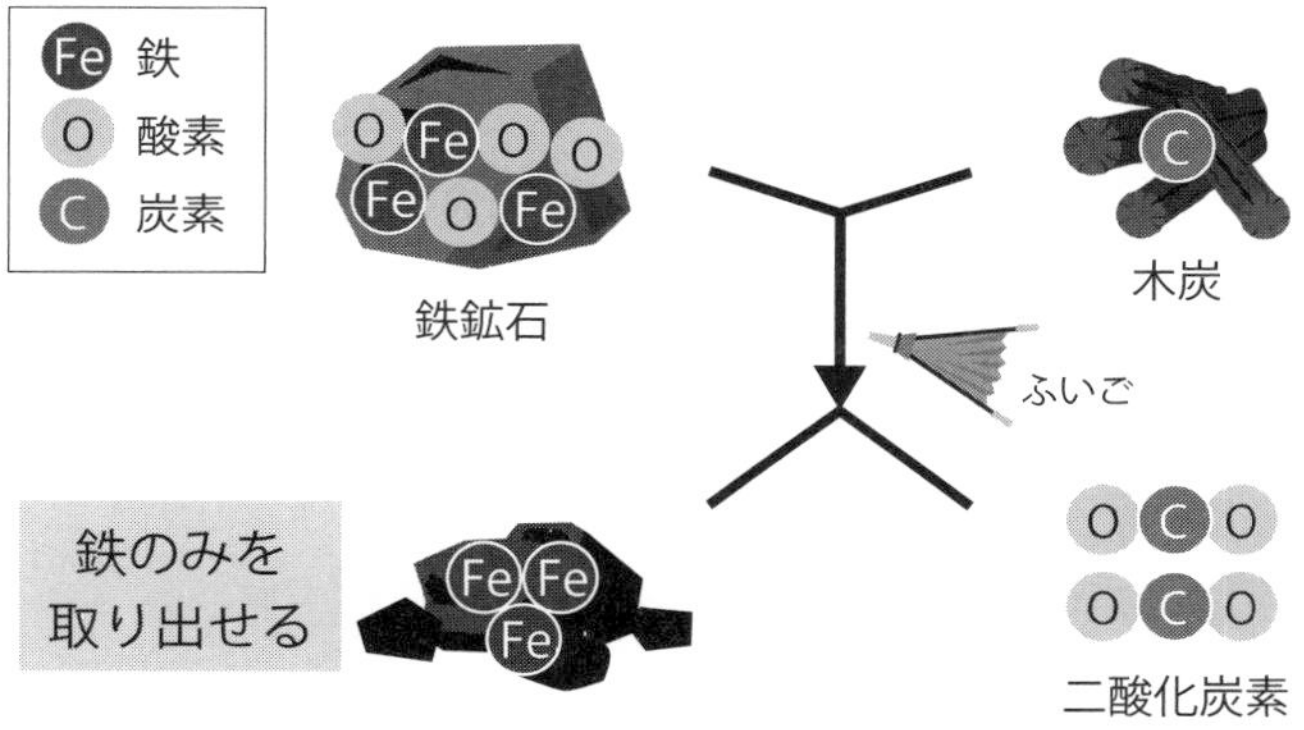

られています。隕鉄にはニッケルという金属も混ざっており、非常に硬いという特徴があります。そのため、叩いて加工していたと考えられます。
いずれにしても、鉄を利用するのは簡単なことではなかったようです。

日本独自の製鉄技術

製鉄の方法は日本へも伝わり、鉄の使用が進んでいきます。そして、江戸時代になると日本独自の製鉄技術が高度に発達することになります。

この製鉄法は「たたら製鉄」と呼ばれます。

たたら製鉄では、砂鉄を原料に用います。さきほどは「地球上に豊富に存在する」と言いましたが、じつは日本では鉄鉱石をあまり入手できないため、山や川から豊富に採取できる砂鉄を使ったのです。

小さな砂鉄を集めてかたまりにするなんて気が遠くなる作業のように思えます。たいへんなデメリットではありますが、メリットもありました。

じつは、砂鉄は鉄鉱石に比べて含まれる不純物が多くありません。そのため、砂鉄を使えば、鉄鉱石で作るよりも強度の高い刀を作ることができるのです。

日本に鉄鉱石が不足していたというデメリットが、結果として強靭な日本刀を生むことにつながったのです。

集められた砂鉄は粘土で作られた炉の中へ入れて加熱されます。

このとき、炉の温度を高くするために空気を送る必要があります。そのため、足踏み式のふいごが使われました。これを番子と呼ばれる人々が左右から踏み、炉の中へ脈打つように風を送ったのです。

「たたら」とは、この足踏み式のふいごのことです（ちなみに、番子が数時間ごとに交代しながらたたらを踏み続けたことから、「かわりばんこ」という言葉が生まれたそうです）。

砂鉄は高温になり、木炭と反応します。木炭と反応させて酸素を取り除いて、鉄とするのです。

たたら製鉄は三日三晩かけて行われたと言われます。その間、開放されている炉の上部から砂鉄と木炭が継ぎ足されていきます。そして、終わりを迎えると、粘土で作られた炉は取り壊されます。そうしてようやく、赤く輝く鉄のかたまりが姿を現すのです。

たたら

さて、鉄のかたまりが手に入ったのですから、これで刀を作ろう！　といきたいところですが、残念ながらまだ日本刀は作れません。もうひと工程入れる必要があったのです。

使えるのは3分の1だけ

たたら製鉄によって誕生した鉄は、すべてを日本刀の材料にすることはできませんでした。質の高い日本刀を作るため、選別が行われたのです。

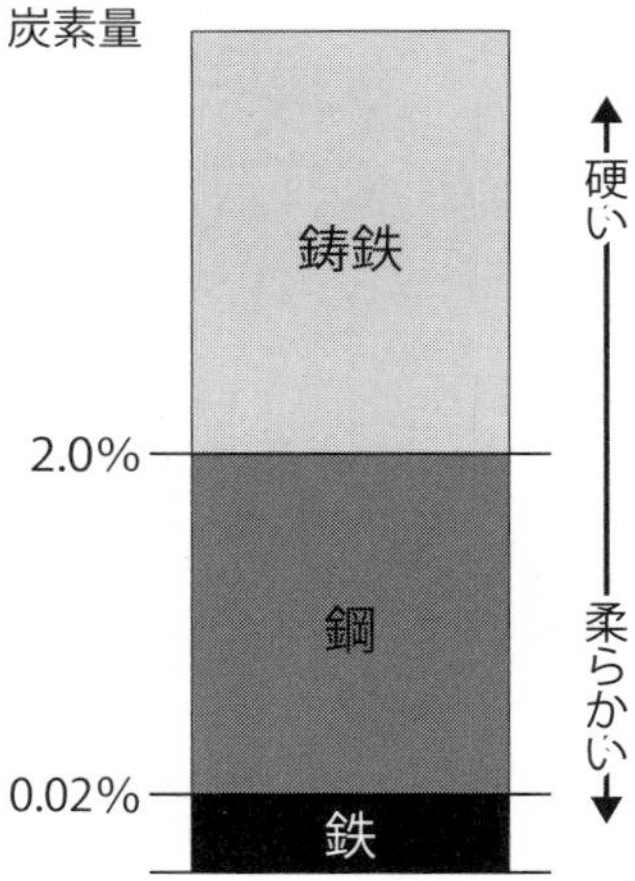

まず、作られた鉄には不純物が混ざっています。不純物が多い鉄の強度は不十分なので、鉄の純度を上げる必要があるのです。

また、鉄の性質を大きく左右するのが、含まれる炭素の量です。

じつは、純粋な鉄はそのままでは柔らかく、刃物として使うことはできないのです。鉄に炭素が含まれることで、強度が生まれます。

ただし、炭素が多く硬くなりすぎると、粘り（急激な力が加わったときの壊れにくさ）がなくなり折れやすくなります。これも日本刀として使うには欠点となってしまいます。

硬さと粘り強さを両立するためには、炭素の含有量が１・０〜１・５％程度が最適だと考えられています。

そこで、たたら製鉄によってできた鉄のかたまりから選別が行われます。

鉄のかたまりは、まず大まかに砕かれます。このときの割れ方や断面の様子から、「鋼」

を選び出します。この鋼が、不純物が少なく炭素の含有量も最適で、硬さと粘り強さをあわせ持つ刀の素材となるのです。鋼として選ばれる割合は、作られた鉄全体の3分の1程度だったようです。

その後、高温に加熱してから一気に水で冷やし、さらに硬くします。続けて、鎚《つち》で細かく砕きます。このとき不純物の存在も分かり、割れやすさから炭素の含有量も分かります。炭素が多く硬いものほどよく割れるのです。

このようにして、さらに選別が行われます（刀匠の合図に合わせて弟子が鎚《つち》を振るい鋼を打つ姿勢から、「相鎚を打つ」という言葉が生まれたそうです）。

鉄を叩いて折り合わせることで強度が増す

砕かれた鉄は和紙でくるまれ、1300℃ほどに加熱されて鎚で打たれます。すると、かけらがひとつのかたまりとなるのです。

これを鎚で叩いて延ばし、それを折り返してさらに叩いて、ということを何度も繰り返し

鉄の折り方

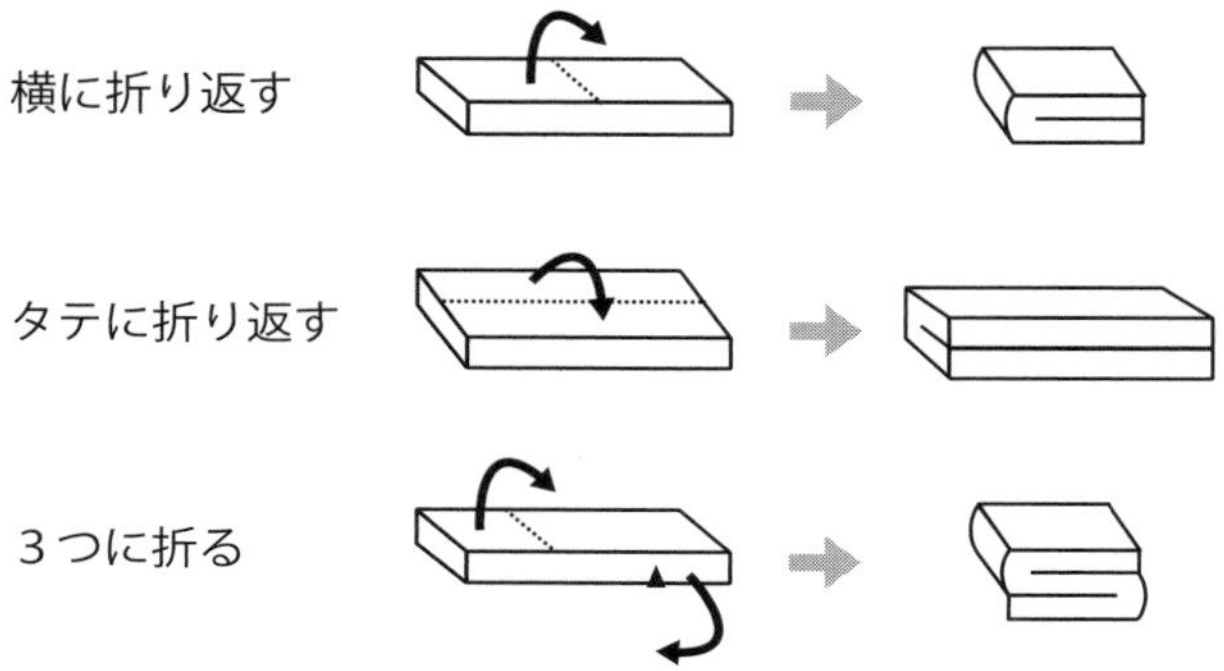

ます。

これは、鎚で叩くことで表層にある不純物が外へ飛び出し、中に残る不純物も細かく砕かれることで鉄を高品質化するために行うことです。さらに、含まれる炭素も失われるので、炭素の量の調節をすることも可能です。

このような折り返しは15回ほども行われたようです。1回折り返すたびに層の数は倍となります。それを15回も繰り返したら、2を15回かけた数（32768）もの層ができることになります。

手間暇かけて鍛えた鋼ですが、よい日本刀とするには鋼の組み合わせも重要です。

というのは、日本刀は全体が均一な鋼でできているのではなく、例えば左の図のような、性質の違う鋼を組み合わせた構造になっているのです。

刃の部分には、鋭い切れ味が必要です。そのためには、硬い鋼を使わなければなりません。つまり、炭素が多く含まれている鋼です。

一方で、炭素が多く硬い鋼ほど粘りは弱く脆くなってしまいます。日本刀全体の炭素の含有量を多くしたら、折れやすい日本刀ということになってしまうのです。

そこで、中心部分には炭素の少ない鋼を使います。中心部分には硬さよりも粘り強さが求められるからです。

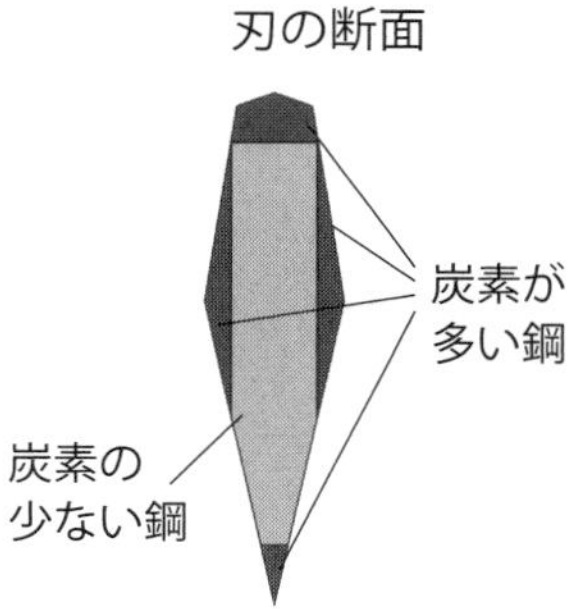

このように、炭素の含有量の異なる鋼をうまく組み合わせることで、日本刀に使用される鉄は硬さと粘り強さを両立したものとなっているのです。

なぜ日本刀は反っているのか？

火入れの様子（風太 / PIXTA）

焼入れの過程で反りが増す

日本刀の仕上げに、熱された刀身を水に入れて一気に冷やす「焼入れ」が行われることは有名です。しかし、どうしてそのようなことをするのかご存知でしょうか？

焼入れは、次のように行われます。

刀身の長さにまで叩き延ばされ、刃先の形も打ち出された鋼に、粘土や鉄粉、炭素などの混合物である焼《やき》刃土《ばつち》が塗られます。これを８００℃ほどまで加熱し、それを水に入れて冷やすのです。

鉄は、鉄の原子が集まってできています。これを加熱すると、原子どうしの間に隙間が生まれます。炭素を塗った状態で加熱すると、この隙間に炭素の原子が入り込んでいくのです。

そして、これを急冷すると鉄の原子は炭素の原子を間に取り込んだまま元の並びに戻ります。すると、炭素原子が鉄原子の動きを邪魔するようになり、鉄原子は最初よりも動きにくい状態になります。つまり、硬くなるということです。

焼入れには、このように鋼を強靭にするという役目があるのです。

焼入れでは、特に刃の部分を硬くするために刃の部分には焼刃土を薄く塗り、他の部分には厚く塗ります。厚く塗られた部分では焼刃土が熱の伝導を妨げるため、冷やされるのに時間がかかるのです。

すると、先ほど説明した硬い構造ができにくくなります。鉄が炭素を取り込んだ硬い構造を作るには、急冷がポイントなのです。

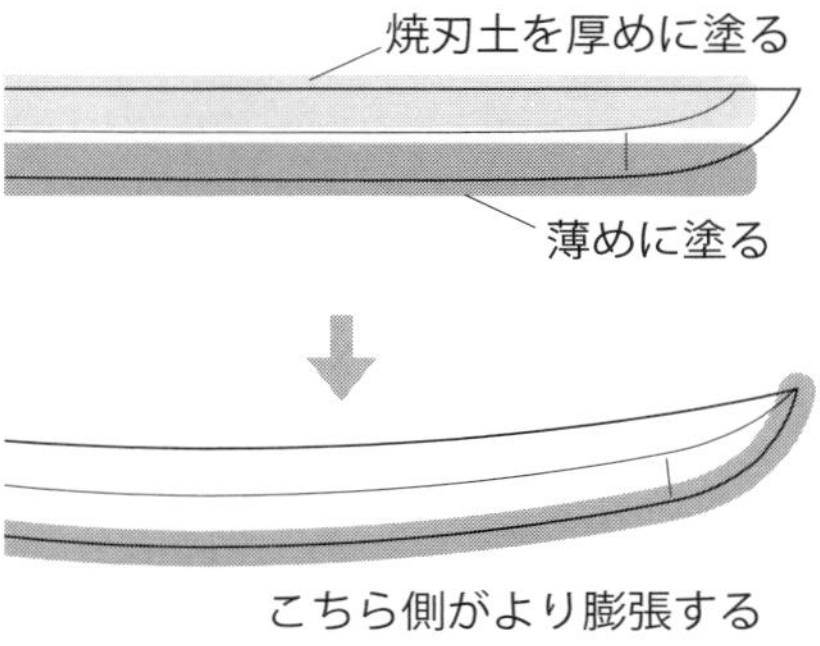

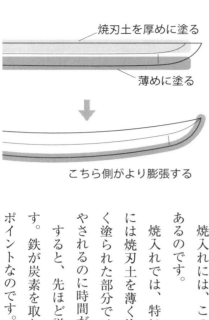

焼入れには鋼を強靭にするだけでなく、刀に反りを生むという働きもあります。焼入れを行う前にある程度反りは作られるのですが、焼入れによってさらに反らせるのです。焼入れによって刃先の鉄は炭素を取り込んだ強固な構造になります。このとき、炭素を取り込むことで鉄原子の間隔がわずかに広がり、その結果、刃先側は膨らみます。刃先側が膨らむことで、反りが生まれることになるのです。

以上のような科学的な視点を、必ずしも昔の人が持っていたわけではありません。ここまで説明してきたことは、現代科学によって明らかになったことばかりだからです。昔の人々は、技術を受け継ぎ、経験を重ねることで科学的合理性を持った方法で日本刀を生み出していたのです。

反りのメリット

刀に反りがあることによって、次のようなメリットが生まれます。

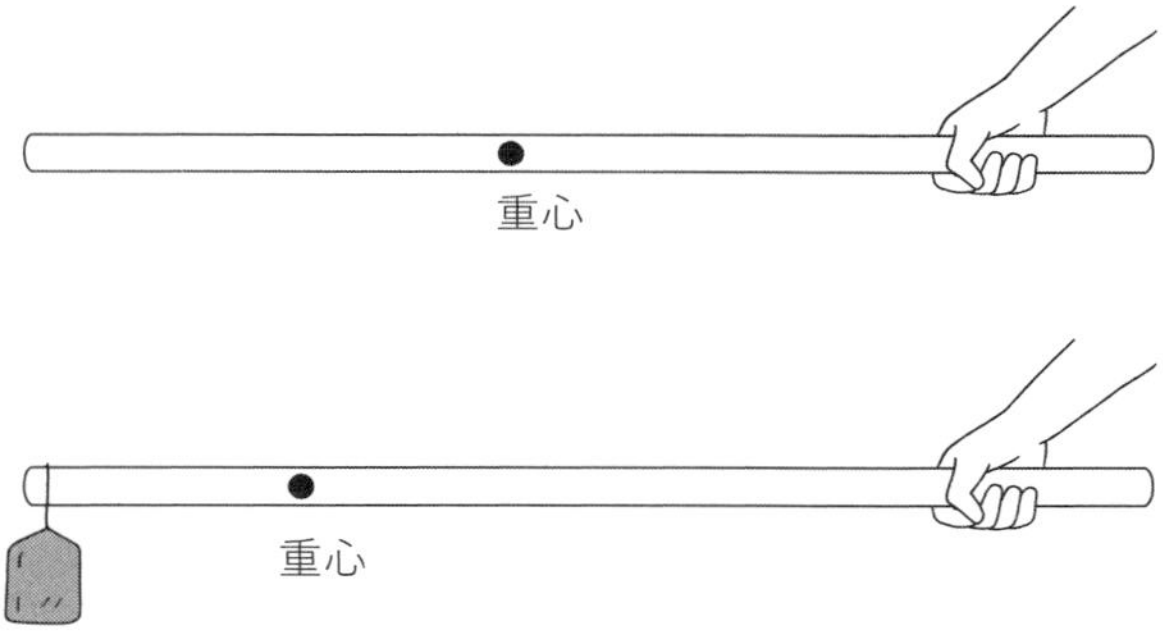

その1：圧力が大きくなる

反りのある日本刀が対象物を斬るとき、刀全体ではなく一部だけがぶつかります。すると、加えた力はその部分に集中することになります。

狭い面積に大きな力が集中することになり、加わる圧力が大きくなるのです。針の先に触れて強い痛みを感じるのと同じことです。

これが、日本刀の鋭い切れ味を生み出します。

その2：重心が柄《つか》に近くなる

長いものを振り回すのは、簡単ではありません。その理由は、棒が長いほど重心が手元から離れるためです。棒の先端に何かをぶら下げた状態を想像すると、このことが容易に理解できると思います。

日本刀は反った形をしています。そのため、重心が

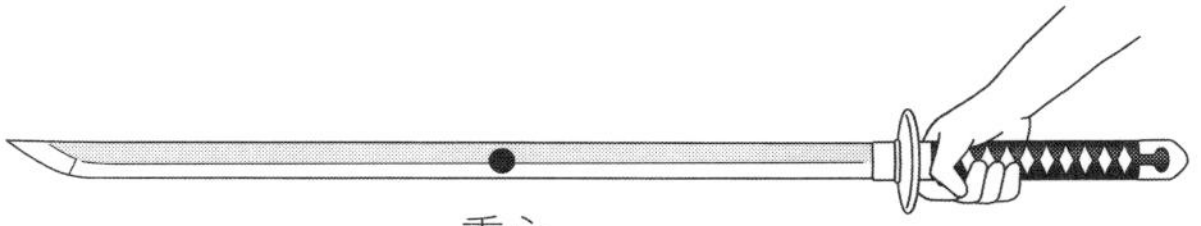

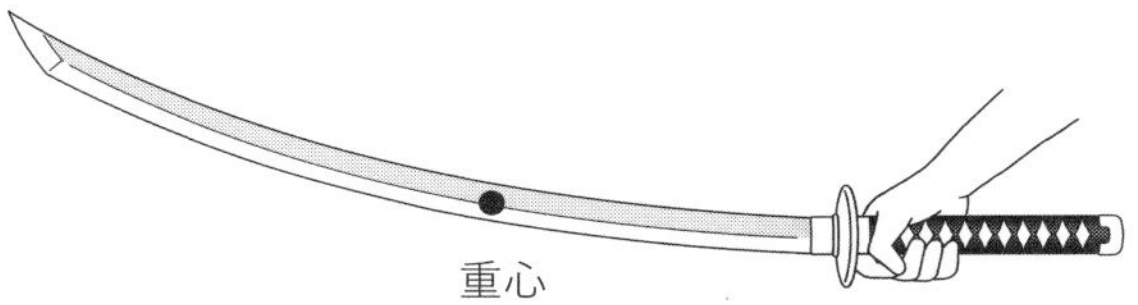

手元（柄の部分）に近くなるのです。その分だけ、振り回しやすくなります。

その3：回転運動させやすくなる

日本刀を使うときには、「引くように斬る」ことで小さな力で対象物を斬ることができます。そして、肩を中心とした回転運動をすることで、もっとも効率よく「引くように斬る」という動作を行うことができます。

反りがあることで、日本刀を回転させやすくなります。小さな力でも効率よく威力を発揮するのは、日本刀の反りのおかげなのです。

その4：抜き差ししやすくなる

日本刀は、腰に携えた鞘に収めて帯刀します。そして、使うときには素早く引き出す必要があります。

日本刀にはある程度の長さがあります。これが直刀だと、抜き差しがしにくくなります。反りをつけることで、抜き差しが容易になり実戦で効率よく使用できるのです。

日本刀の進化

平安時代の日本刀は細く優美な印象を与えるものでしたが、鎌倉時代には身幅が広く頑強なものとなります。

猪首鋒

蛤刃

鎌倉時代の日本では、騎馬から落ちた場合を想定して頑丈な鎧が使われていました。日本刀には、そのような相手を倒すための能力が求められました。そして、相手を叩く衝撃によって鎧を割るような力が求められたのです。

日本刀の身幅が広くなったのは、その衝撃に耐えられるようにするためです

そして、刀身は「蛤刃《はまぐりば》」（刃の断面がハマグリの貝殻のようなカーブを描いている）と呼ばれるもの、切っ先が太く短い

「猪首鋒《いくびきっさき》」と呼ばれるものが主流となりました。

いずれも、丈夫な鎧を身にまとった日本の戦いに有利なものとするための工夫でした。

このようにして誕生した日本刀は、源平の騒乱を経て鎌倉時代から南北朝時代にかけて黄金期を迎えることになります。

しかし、それでも敵わない敵が大陸から大挙して押し寄せてきました。

元軍の襲来です。

元寇で日本刀は活躍できたか？

日本刀に見つかった弱点

日本が鎌倉時代後期に遭った災難が二度にわたる元寇です。

元寇は、日本刀の弱点を浮き彫りにしました。

日本刀は、日本の戦で活躍できるよう進化してきました。この頃の日本刀（太刀）は、日本の鎧を叩き割るために、刀身は蛤刃、切っ先は肉厚な猪首型をしていました。敵を「斬る」能力よりも「叩き割る」能力を向上させてきたのです。

しかし、これは元軍の鎧には通用しませんでした。元軍は、煮詰めた皮を重ねた「皮鎧《かわよろい》」というものを身につけていました。そのため蛤刃のような刀身では、叩き割ることはできなかったのです。最終的には元軍を退けることができましたが、日本の武器は元軍に通用しま

①

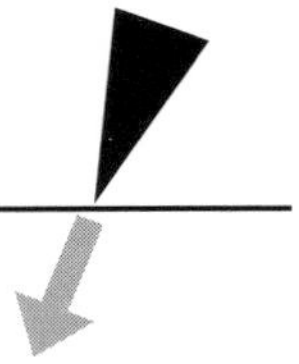

②

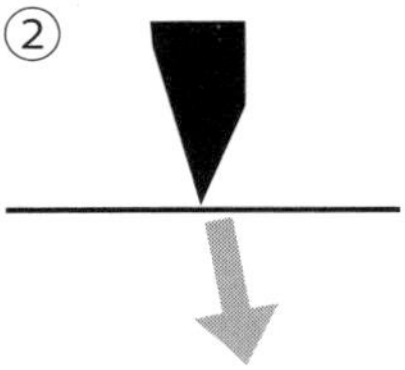

せんでした。元寇は日本人が日本刀の弱点を認識する機会ともなったのです。

元寇の教訓を得て、日本刀の刃の構造に大きな変化が生まれました。より「切れる」ものへと変わっていったのです。

元軍の皮鎧も切れるよう、刃幅《ははば》（刃の部分から峰までの高さ）が大きくなりました。また、刃の断面は「片切刃造り《かたきりはづくり》」という構造となりました。

右利きの人が刀を振り下ろすとき、力は右上から左下へ向かってはたらきます。これだと、相手に対して力がまっすぐ伝わらず、まっすぐに切れなくなってしまうのです（図①）。

そこで、刃の断面を図②のような形にします。この形の刃先で垂直に力を加えると、右下に向かって力がはたらくことになります。

図①と②が合わさると、結果として力が垂直に加わることになります。もっとも力を発揮しやすい向きに振り下ろしても、相手にまっすぐに力が伝わるようになるのです。

そして、このような時代背景の中で誕生したのが名刀正宗です。

正宗はなぜ名刀と言われるのか？

正宗は、鎌倉時代末期から南北朝時代初期にかけて作刀に携わった刀工です。

正宗が刀工としての道を歩み始めた時期は、元寇の時期と重なっています。弱点を補うように日本刀が進化を遂げている中で、正宗は新しい鍛錬法を編み出したのです。

正宗は硬軟の鋼を練り合わせ、高温の加熱と急速冷却を繰り返す方法で、粘りのある強い鋼の刀を生み出しました。

加熱と急冷を繰り返す過程で、刀身に美しい模様が生まれます。これは「刀文《はもん》」と呼ばれ、正宗の躍動感ある刃文は人の心を惹きつけます。

正宗は何度も試行錯誤する中で、最適な方法を見つけたと考えられます。しかし、その技術は伝承されておらず、現在ではその製法を知ることはできなくなってしまいました。

「日本刀」はあるのに「日本剣」がないのはなぜ？

日本剣は古代に存在した

ここまで登場してきた「刀」は、「剣」とは異なるものを指します。「日本刀」は聞いたことがあっても「日本剣」という言葉を聞いたことはありません。日本では、剣は使用されなかったのでしょうか。

「刀」は片刃のものを、「剣」は両刃《りょうば》のものを指す言葉です。なので、日本刀は片刃《かたは》ということになります。

日本でも、古墳時代までは両刃のものと片刃のものが共存していたようです。ただし、両

片刃の七星剣（四天王寺所蔵）

刃のものは身分が高い人しか使えなかったそうです。それが、飛鳥時代になると片刃のものも扱うようになっていきます。例えば、聖徳太子が儀式に使用したという「七星剣《しちせいけん》」は、剣とは言いますが片刃のものです。
日本では片刃の日本刀が主流になっていくのに対し、西洋では両刃の剣が使われていました。
どうして西洋では片刃が普及しなかったのでしょう？

殴打するための武器として進化した西洋の剣

じつは、西洋の両刃の剣は切れ味では日本刀にかないません。西洋では切ることを重視しなかったからです。

日本刀は切れ味が重視される一方、西洋の剣は相手を突くための長さだったり、殴打に耐えられる強度だったりといった性能が求められました。

というのは、西洋では兵士が鎧を身にまとうことが多かったため、鎧の隙間から「突く」ことや鎧の上から「殴打する」能力が武器には求められたので

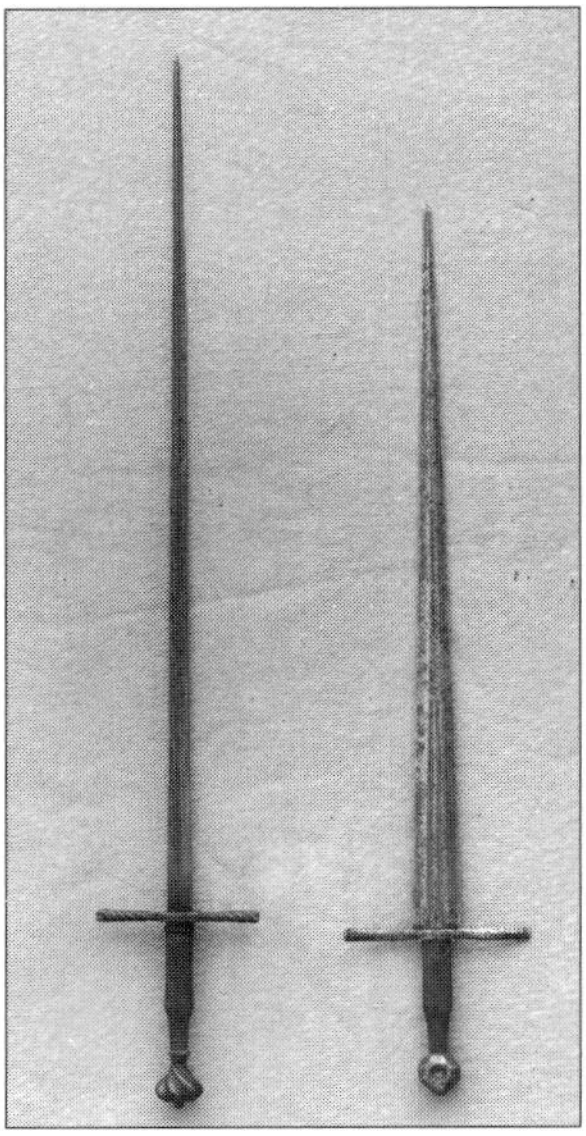

西洋の剣（16世紀）

す。この要求に適しているのは、片刃ではなく両刃の剣だったのです。

また、厚みがあり重量が大きい剣が用いられました。これによって、殴打する威力を上げ、自身も衝撃に耐えることができたのです。

西洋の剣は金属を液体にして型に流し込むというシンプルな方法で作られました。そのため、鉄の質を上げずとも、重厚な形状にすることで使用目的を果たせたのです。

それに対して、日本刀では鉄を鋳造し、不純物を取り除き、炭素の含有量を調整して求める高性能の鉄を目指しました。刃こぼれなどが起こらないよう、鍛え上げて強靭に作られるのです。

日本刀と西洋の剣は、それぞれに求められる性能の違いから進化の道を分けたのです。

日本刀は何人斬ることができた？

試し切りによって分かる刀の切れ味

鎌倉時代から南北朝時代にかけて日本刀は進化し、戦国の世で活躍することとなりました。さて、日本刀の切れ味はどれほどだったのでしょう？

ここでは、残されている記録から探ってみたいと思います。


江戸時代、日本刀の切れ味は「試し斬り」によって調べられました。試し斬りとは、斬首刑となった罪人の遺体を実験台として切れ味を検証することです。複数の遺体を積み重ね、一太刀でどれだけ斬ることができるか試したのです。

そして、いくつの遺体を両断できたかによって「二ツ胴」「三ツ胴」というようにその刀の銘が決まりました。それが、茎《なかご》という柄《つか》の中に収められる部分に刻まれたのです。中には、「七ツ胴」の銘が刻まれているものもあります。これは積み重ねられた七つの遺体すべてを両断したことの証です。

この試し斬りが行われたのは1681年で、はしごに上った試し斬り役が飛び降りるように斬りつけたそうです。

江戸時代の試し斬り役だった山田浅右衛門《あさえもん》は、試し斬りを行った日本刀の切れ味について、書物にまとめました。それぞれの切れ味によって「業物《わざもの》」「良業物《よきわざもの》」「大業物《おおわざもの》」「最上《さいじょう》大業物《おおわざもの》」の4つに格付けしています。最上大業物とされた「長船秀光《おさふねひでみつ》」や「長曽祢興里《ながそねおきさと》」などは、10回斬り込んで7~8回も「大いに」斬ることができたとされています。

とはいえ、実際の戦いにおいて何人もを重ねて斬るということはありません。試し斬りは、あくまでもその能力を試す意味で行われました。

実戦的には、何人まで続けて斬り倒すことができるかの方が重要でしょう。実際に人に対して斬りつければ刃こぼれが起こってしまい、いつまでも斬り続けるわけにはいきません。

1864年に起きた池田屋事件では、新選組の隊士10名が尊王攘夷派の浪士10人以上と激しく斬り合いました。これにより、新選組隊士の刀のほとんどは相手を斬ったことや鍔迫《つばぜ》り合いをしたことによって壊れてしまいました。

そんな中、局長の近藤勇の愛刀「長曾祢虎徹《こてつ》」だけは激しい斬りあいを経ても無事で、折れることも曲がることもなかったのです。長曾祢虎徹は、先ほどの「最上大業物」に分類されていました。

このように、日本刀の耐久性はものによって大きく差があったようです。

成瀬関次《かんじ》という昭和の刀剣研究家は、「強靭な日本刀は10人以上を斬り続けることができた」と記しています。彼は日中戦争に従軍し、日本兵が装備していた刀を研究対象としました。そして、少し斬っただけですぐに刃こぼれしてしまうものもあれば、何人もを斬り続けられるものもあることを発見したのです。

刀は戦場の主役ではなかった

前項で見たように、ものによってばらつきがあるとはいえ、全体的に高い性能を持った日本刀ですが、戦場においては必ずしも最強の武器だったわけではないようです。

戦国時代にも、日本刀は弓矢にはかなわなかったようです。やはり、遠く離れた場所から攻撃できることは大きなメリットでした。また、接近戦になった場合も、少しでも離れたところから攻撃できる槍や薙刀が重宝されたようです。

鈴木眞也史の著書『刀と首取り』（平凡社）によると、戦国時代の武士が合戦上の自分の成績を記した「軍忠状」に記された201点のうち、殺傷のうち41・3％は矢疵・射疵で、ついで鉄砲による疵が19・6割などで、刀剣によると考えられるものはわずか4・7〜7・5％だったといいます。

武士が最強ではない日本刀を携えたのはなぜか？

これらを見ると、日本刀はなくてもよさそうに思えてきます。

しかし、武士は必ず日本刀を携行していました。日本刀の携行には、いくつかの意味があったようです。

まずは、槍や薙刀が折れてしまった場合の予備として、あるいはそれらをかいくぐって敵が接近してきた場合への備えとして日本刀が必要でした。

また、林の中などで戦わなければならないときには柄の長い武器は扱いづらく、日本刀が必要でした。これは、室内の戦闘でも同様だったようです。

さらに、敵の首を取るために必要でした。実際にはこれがもっとも重要な役割だったとも言われます。

戦国時代、戦が終結した後、勝利した軍には褒美《ほうび》が分け与えられました。そのとき、褒美の量を決めるための材料が持ち帰った敵の首だったのです。中には、首をぶら下げたままでは動きづらいため、代わりに鼻を取った者もいたそうです。前出の軍忠状も、褒美を分けるために記されたものですから、大事な意味があったと言えるでしょう。

戦場の主役ではなかったにしろ、戦国の武士にとって日本刀は必要だったのです。

榎本武揚は隕石で作られた刀を持っていた？

隕鉄で作られた刀

日本刀の中には、変わった素材で作られたものもあります。「隕鉄《いんてつ》」で作られたものです。隕鉄とは、鉄を主な成分とする隕石のことです。これは非常に珍しいものですが、それを日本刀の素材にしてしまったのです。

このようなことを行ったのは、江戸幕府にも明治政府にも尽くした榎本武揚《えのもとたけあき》です。彼は、１８９８年に刀工岡吉國宗《おかよしくにむね》に命じて隕鉄から5振りの刀を作らせました。これを、榎本は「流星刀」と命名しました。

江戸幕府に仕えた榎本は、オランダ留学をして航海術、蒸気機関、鉱物学、機械工学、冶《や》金《きん》学など実に多くのことを学びました。また、ドイツの兵器会社では小銃や大砲の製造現場を見学しました。

さらに、鎖国をしていた日本がもっとも遅れていた分野でもある国際法についても、『万国海律全書』を熟読して学びました。これらの知見が、日本の発展へ活かされることになります。

ただ、江戸城は新政府軍を前に無血開城をすることとなりました。このとき、新政府軍に服従することを拒んだ旧幕臣は江戸を脱出して会津へ、さらには蝦夷地へと移って新政府軍に対抗します。榎本武揚も、その中にいました。

榎本武揚

しかし、最後は新政府軍に敗北することとなります。

これが戊辰戦争です。

このとき、榎本武揚は肌身離さず所持していた『万国海律全書』が灰燼《かいじん》に帰すことなく後の世に活かされるようにと、降伏前に新政府軍へ贈ります。

この人柄を認めた黒田清隆は頭を丸めて榎本の赦免を

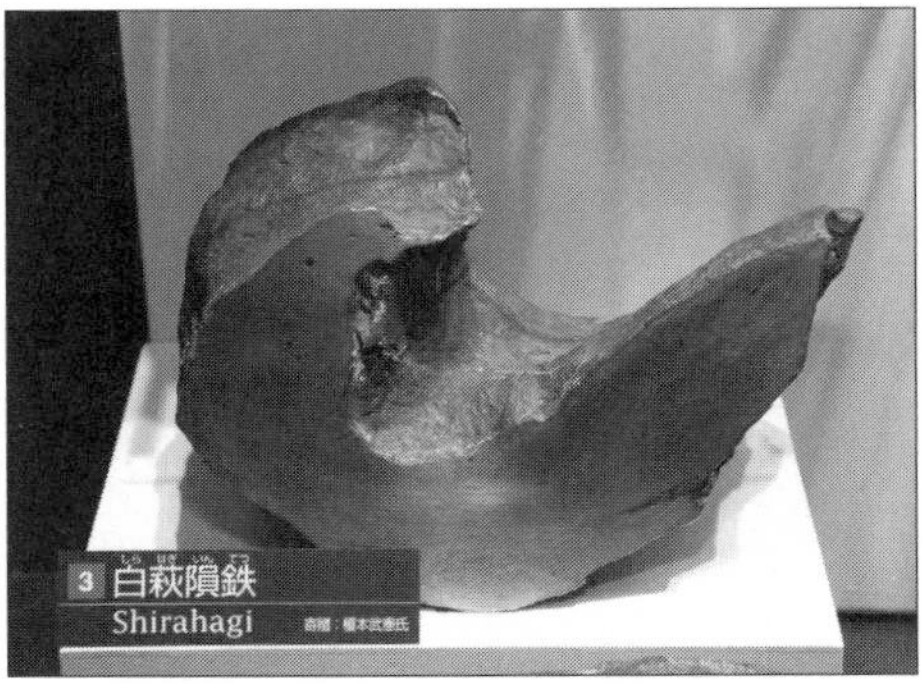

白萩隕鉄（画像提供：国立科学博物館）

嘆願し、榎本は外交官として明治政府でも活躍することとなりました。

榎本は政治、外交、そして自然科学へと幅広い関心を持ち、深い知識を持っていました。そして、そんな彼が明治政府の特命全権大使としてロシアのサンクトペテルブルクに滞在していたとき、ロシアの皇帝アレクサンドル1世からあるものを見せてもらうのです。それが、隕鉄から作ったサーベルでした。

鉱物学にも造詣を持っていた榎本はこれに強い興味を覚えたのです。

隕石との出会い

日本へ帰った榎本は、富山県で隕鉄が発見されたことを知ります。

1890年頃、富山県白萩村（現在の上市町）で何やら重たい石が発見されました。その後の分析の結果、これは鉄でできた隕石、つまり隕鉄だと判明したのです。「白萩隕鉄1号」と呼ばれるこの隕鉄を、榎本はポケットマネーで買い取りました。その重量は実に23キログラムに及びました。そして、榎本はそのうち4キログラムほどを日本刀作りに充てることとしたのです。

依頼を受けた刀工岡吉國宗は隕鉄を使った日本刀作りに取り組みます。しかし、隕鉄はたたら製鉄によって作った鉄よりも柔らかく、加工は簡単ではありません。そこで、たたら製鉄によって砂鉄から作った「玉鋼《たまはがね》」を合わせるという工夫をしました。

たたら製鉄で使用される玉鋼
(©Loulasedna)

玉鋼とは、不純物の量がきわめて少なく粘りの強い鋼です。これを加えて強度を高めたものです。そして隕鉄と玉鋼をどのような割合で混ぜるか、試行錯誤を重ねてうまく作る方法を見つけました。

このようにして、長刀2振りと短刀3振りが完成しました。榎本は、これらを「流星刀」と名づけたのです。

流星刀には、刀身全体にわたって美しい木目のような

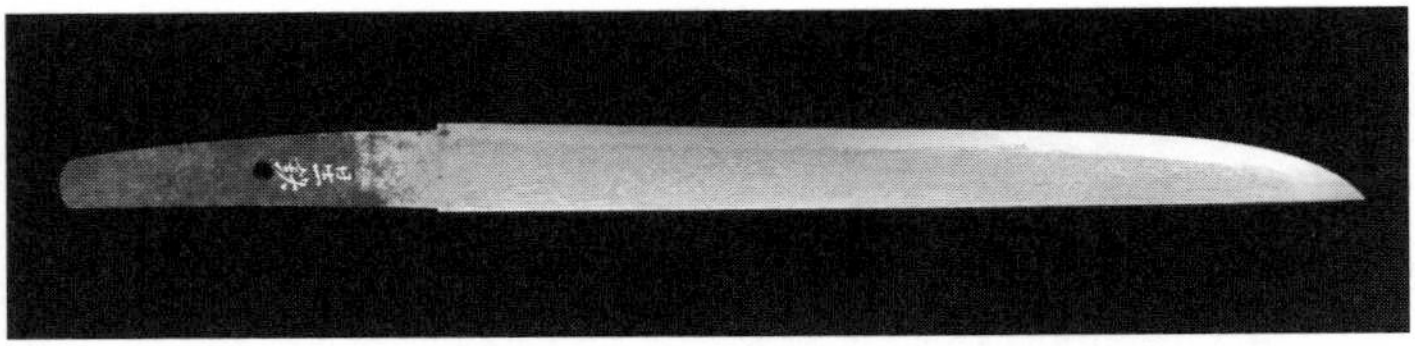

流星刀（画像提供：富山市科学博物館）

刃文が浮かび上がっており、他の日本刀とは異なる雰囲気を持っています。

榎本は、長刀一振りは当時の皇太子（のちの大正天皇）の成人のお祝いとして皇室へ献上、もう一振りは榎本が創設した東京農業大学へ寄贈しています。

また、短刀一振りは流星刀のもととなった隕鉄が見つかった地にある富山市科学博物館が所蔵しており、別の一振りは榎本が建立に関わった北海道の神社に納められました。

残りの一振りは、中国大陸に渡っていた榎本の子孫が戦地から引き揚げる際に住んでいたところに埋めたとも言われていますが、行方は分かっていません。

隕鉄はどこからやってくる？

流星刀の材料となっている隕鉄は、普通の鉄の材料とは異なります。

82ページで説明したように、普通は鉄鉱石から鉄を作ります。鉄鉱石は鉄と酸素が結びついたもので、地上にある鉄はこのように酸素と結びついて存在しています。

隕鉄は、火星と木星の間に多数存在している小惑星が地球に飛来したものです。地球には、多くの小惑星が飛来しています。そのほとんどは大気圏に突入すると高温になり燃え尽きてしまいます。これが「流れ星」です。

しかし、中には燃え尽きずに地上に落下するものもあります。このような小惑星のかけらが隕石であり、その中でも鉄の含有量が多いものが隕鉄なのです。

榎本武揚は隕鉄から作った刀を「流星刀」と命名しましたが、隕鉄は流れ星と兄弟のようなものだからこのように命名したのかもしれません。

なお、現在見つかっている隕鉄の中で最大のものは、南西アフリカで発見されたホバ隕鉄というもので、60トンもの重量があるそうです。

ホバ隕石（@Compl33/CC BY 3.0）

隕石で作られた刀の切れ味は？

流星刀の切れ味はどうだったのでしょう？

流星刀は実戦で使われたわけではないので、推測するしかありません。

刀工岡吉國宗は、隕鉄と玉鋼の配合割合を変え、何度も試行錯誤して流星刀を完成させました。さらに、火加減にも注意深く工夫を凝らしたといいます。

これらは、流星刀をただの装飾品ではなく〝日本刀〟にするためだったのです。

岡吉自身、榎本へ宛てた書面で「切れ味は十分にしてまた折ることは決して無きものである」と述べています。刀工岡吉國宗がその性能に自信を持っていたのは確かなようです。

太平洋戦争で日本刀は役に立った？

ステンレス鋼でできた機械製の刀

平安時代に誕生した日本刀は進化を続け、重火器を中心とする近代兵器が使用されるようになった時代でも、その存在意義を保ち続けました。

日清戦争や日露戦争では、戦いの中心は火器による応酬でしたが、それだけで決着がつかず白兵戦に持ち込まれたときには、刀剣が活躍しました。

そして、昭和に入ると、日本刀の素材としてステンレス鋼が用いられるようになりました。ステンレス鋼とは、鉄を主な成分としながらもクロムという別の金属も含む合金のことです。このような合金にすると、鉄に比べて錆《さ》びにくくなります。

クロムには、鉄よりも酸素と結びつきやすいという特徴があります。そのため、ステンレス鋼に含まれるクロムは空気中の酸素と結びつき、表面に被膜を形成します。このことにより、錆びができにくくなります。

錆びは、鉄が空気中の酸素と結びついてできるものです。ステンレス鋼の場合、鉄よりもクロムが先に酸素と結びついて表面を覆うため、鉄と酸素の反応が妨げられて錆ができにくくなるのです。

ステンレス鋼を使った日本刀の鍛錬に成功したのは、現在も刃物産業がさかんな岐阜県関市で活動していた奈良太郎藤原兼永です。１９３３年のことでした。

ステンレス鋼を使うことで錆びにくい刀を作ることができるようになりました。そして、

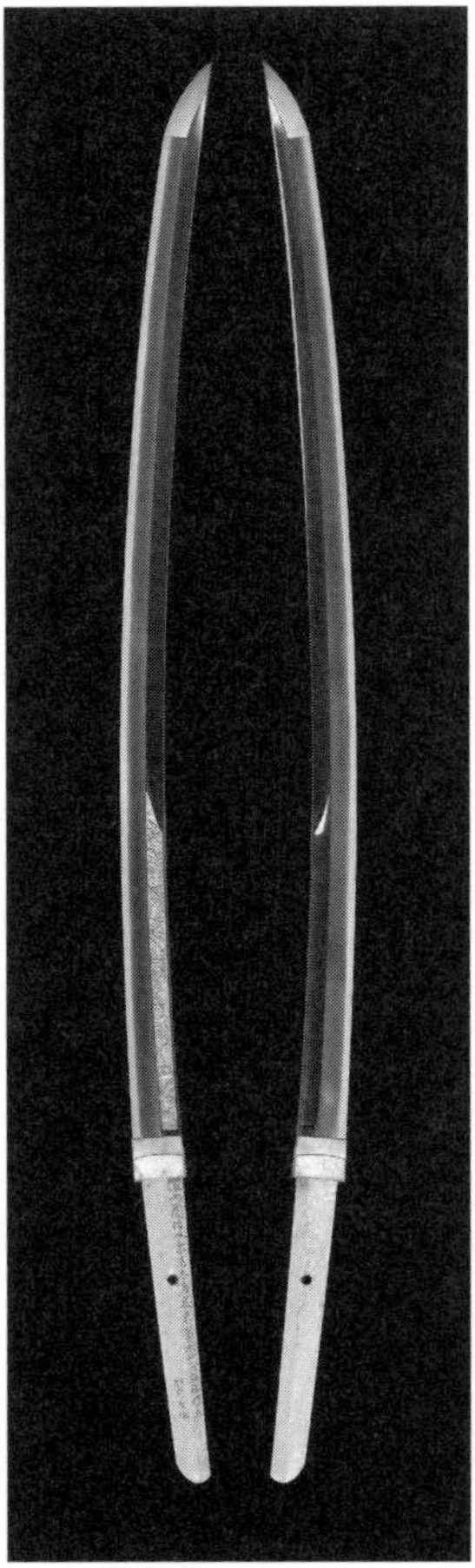

ステンレス製の名刀「濃州関住人奈良太郎藤原兼永以耐銹鋼作之彫刻同作」（関鍛冶伝承館蔵・刀剣撮影/中村 慧）

鋼鉄板を打ち抜いて磨き上げたり、機械のハンマーで叩き鍛えて成形したりという方法で刀を作るようになったのです。

このような方法で太平洋戦争終結まで作られた刀は、職人が手間暇をかけて作る古くからの日本刀とは区別して「昭和刀」と呼ばれています。

昭和刀が作られ始めた頃には年間7000本生産できる程度だったのが、太平洋戦争に突入した1941年には年間8万6000本ほど生産できるようになっていました。昭和刀は、日本刀の最後の発展の姿と言えるかもしれません。

昭和刀の使われ方は？

それにしても、航空機や戦艦などが利用された太平洋戦争において、刀は役に立ったのでしょうか？

実際の戦争においては、刀が使用される機会はほとんどなかったようです。武器弾薬が尽きて後がなくなった日本兵が、捕虜にならないための行動として刀を振りかざして突撃する、といったことはあったようですが、この頃になると航空機による制空権争いがメインになっていたので、戦局を決するような戦闘にはなりえません。

ただし、このような場面以外にも、刀が役立った場面は多々あったようです。例えば、占領地において住民を威圧するのにも使われました。あるいは、ジャングルでのゲリラ戦で生い茂った草や蔓、低木などを切り払うのにも使われたのです。

また、指揮官が指示棒の代わりとして使いました。刀をかざして、兵を鼓舞しました。さらに、敵を制圧した後の前進時に部下を奮い立たせるのにも使ったそうです。

そして何より、指揮官の持つ刀は天皇から下賜されたものだったので、実戦で使用することよりも存在することに意味があったと言えます。つまり刀は、武器としての利用よりも精神的な意味が大きいものだったのです。


戦後、ＧＨＱによって日本刀を所持することは禁止されましたが、現在では美術品として登録されたものの所持は認められており、海外の愛好家の間などでも取引されています。

3章

船

日本人はどこから、どのようにして来た?

海を渡ってきた最初の「日本人」

私たち人類(ホモ・サピエンス)の祖先はアフリカで誕生し、今から5万年前頃から世界中へと広がっていきました。

人類が世界中に拡散できた理由のひとつは、寒冷地を克服したことです。寒冷な場所でも生きられる術を見つけたことで、暮らせる範囲を広げることができました。

もうひとつは、渡海技術を得たことです。世界には、海を渡らなければたどり着けない場所がたくさんあります。各地で大昔から人類が生活していたということは、その頃から人類は海を渡ることができたことを示しているのです。

さて、私たち日本人はいつどのようにして誕生したのでしょう？

日本で人類が発祥したわけではありませんから、最初の祖先は大陸から海を渡ってやってきたことになります。事実、約3万8000年前に朝鮮半島から対馬海峡を渡ってやってきたのが最初の日本人だと考えられています。

その頃は氷期であり、海水面は今よりも80メートルほど低くなっていました。それでも、大陸から日本列島へ渡るには海を越えなければならないことに変わりはありません。

琉球列島でも、3万年ほど前の人骨が次々と発掘されています。当時、琉球諸島も海に囲まれていましたから、やはり海を渡ったはずです。

さらに、伊豆諸島の神津島で産出される黒曜石が南関東や東海地方の縄文時代の遺跡から出土し

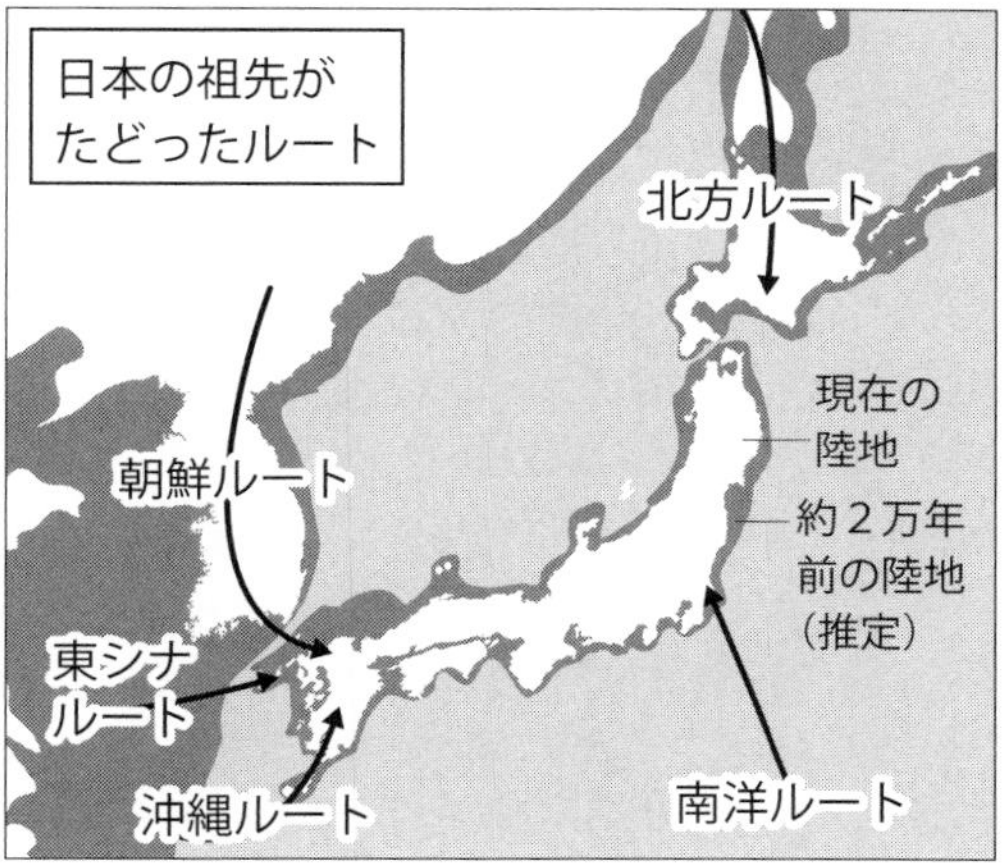

ていることも、渡海していた証拠と言えます。

このように、人類は相当古い時代から海を渡っていたことが分かっているのです。そして、そのおかげで私たち日本人が誕生することになったわけです。

海を渡る手段といえば、船（舟）をおいて他にありません。この章では、私たち日本人が生まれる要因ともなった「船」にまつわる謎について見ていきたいと思います。

浮力を利用した先史時代の人々

人類は長い歴史の中で、古くから船を利用してきました。

海を渡るときだけでなく、川の近くに住む人が川を渡るときにも船が必要でした。最初は泳いで渡ったかもしれませんが、それで何かを運ぶというのは困難です。

人類が川を渡るのに最初に利用したのは、流木です。水に浮く性質のある木を船の材料としたのです。そして、丸太を組み合わせた筏《いかだ》が誕生しました。これで、人と荷物を運べるようになりました。

初期には、筏と並んで丸木舟というものも利用されました。これは、丸太をくり抜いたものです。日本で最初に使われるようになったのは、この丸木舟だと言われています。全長5～7メートル、幅50～60センチメートルの鰹節のような形をした原始的な丸木舟が、縄文時代から活躍していたようです。そして、弥生時代末期まで利用されたのです。

そもそも、木はどうして水に浮くのかというと、それは、木の比重が水より小さいからです。水の比重を1とすると、木の比重は0・8ほどです。ですから筏が水に浮くのですが、あまり大勢の人が乗ったり、重い荷物を載せたりしたら沈んでしまいます。

鳥取県の桂見遺跡から出土した丸木舟（画像提供：鳥取県）

そこで、より多くの人や物を運べるように工夫したのが丸木舟です。

丸木舟は、丸太をくり抜くことで、重さを小さくしています。

丸太には、「浮力」と「重力」という2つの力がはたらきます。

浮力は、丸太が水に沈むことで発生し

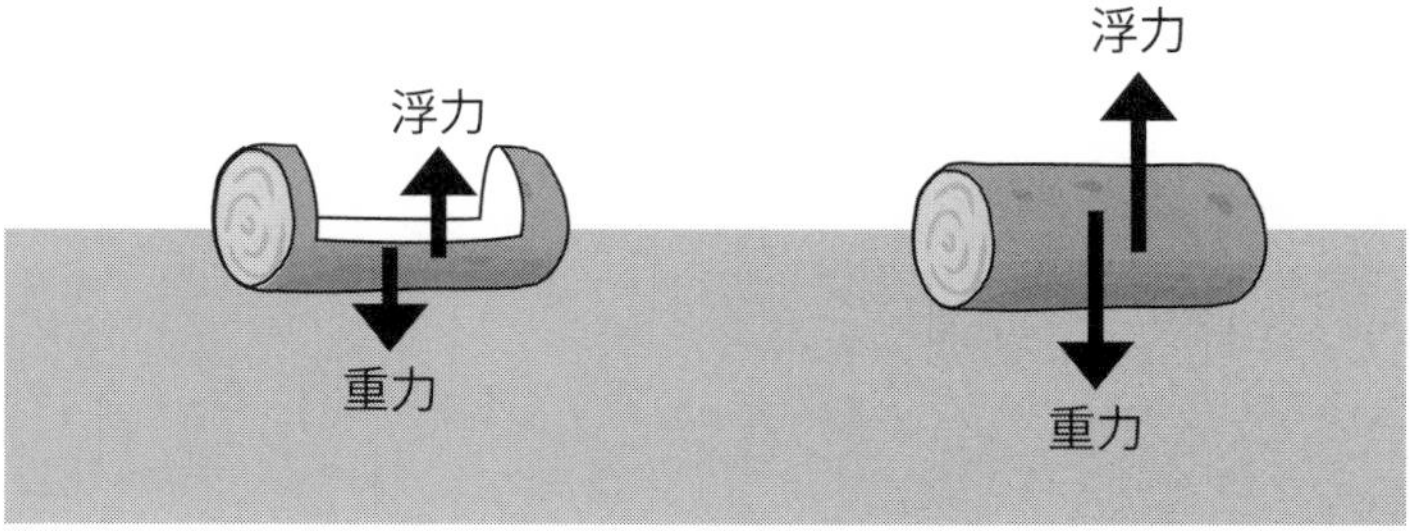

ます。そして、沈んでいる部分の体積が大きくなるほど、浮力は大きくなります。

丸太をくり抜くと、重力は小さくなります。そのため、重力を支えるのに必要な浮力も小さくなり、丸太は浮き上がる（水に沈む部分が少なくなる）のです。

丸木舟に人やものを載せると、深く沈み込んで浮力を大きくします。何も載せていないときに浮き上がっていた分、浮力を大きくする余地があるのです。

昔の人々に浮力という概念があったわけではないでしょう。しかし、このような現象があることは理解していたはずです。体当たりの実験を繰り返し、それによって得た経験則をもとに、彼らは大海へ漕ぎ出していったのでしょう。

遠くへ行きたい、より多くのものを運びたいという人々の熱意が、歴史を大きく変えていきます。

船によって人の行動範囲が飛躍的に広がった

縄文人は、丸木舟を交通手段として、沿岸部で移動したり、河川や湖沼を渡ったりしていました。また、漁猟も丸木舟を使って行いました。

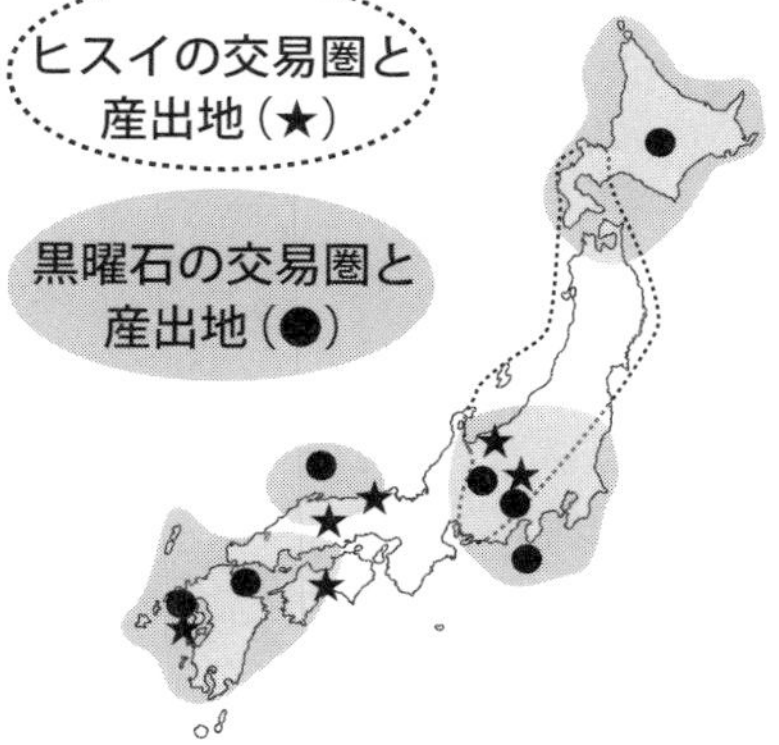

古代の日本では道路の整備はされておらず、陸上で移動するには登山道や獣道のような場所を通らなければなりませんでした。そのような状況で、丸木舟は有効な移動手段となったのです。

その結果、縄文人は、魚や貝の採取を広い範囲で行えるようになりました。そして、海を越えて各地の特産品を手に入れられるようにもなりました。

例えば、縄文時代の遺跡からは本州でしか取れないヒスイが北海道で見つかったり、逆に北海道

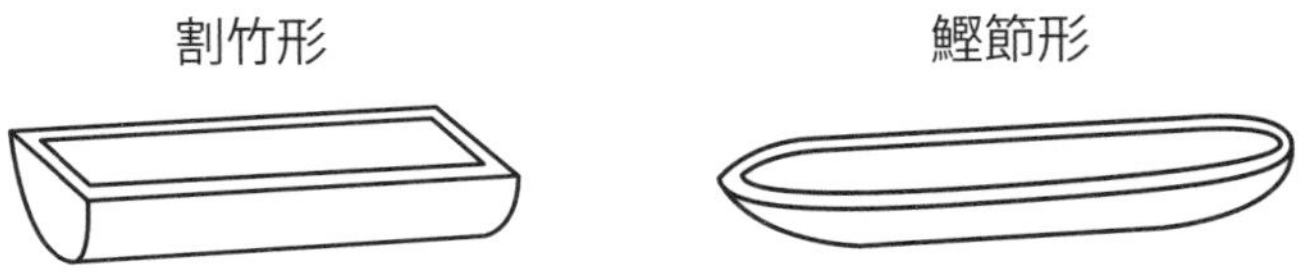

の黒曜石が本州で見つかったりしています。また、暖かい南の海でしか採れない種類の貝が北海道で見つかったこともあります。
船という移動手段が、縄文人の文化を大きく変えたことが分かります。

いろいろな形の船が生まれる

丸木舟には、次のようないろいろな形のものがありました。

この中で、日本で多く出土しているのは鰹節《かつおぶし》形のものです。竹を割ったような割竹形の方が作るのは簡単そうですが、これだと水の抵抗を大きく受けてしまうのですね。

船の推進力は、形によって大きく変わります。どのような形が最適か、古代の人々は試行錯誤しながら探ったのでしょう。水の抵抗を少しでも減らして推進力を増そうとした古代の人々の工夫が、鰹節形に表れているようです。

（岩本才次「昔の日本の船事情」（平成18年6月）を参考に作成）

なお、日本海側では樹齢の高い杉の木が豊富で、これを材料として船を作ったと見られています。まっすぐで長い杉を使うことで、船の長さを生み出しやすかったようです。

それに対して、太平洋側ではクスが豊富に生息していました。こちらは丈は長くありませんが、幹が太いのが特徴です。そのため、幅のある船を作りやすかったようです。

丸太を入手できない地域では、竹や葦《あし》を使ったり、動物の皮を縫い合わせて中に空気を入れて浮袋とし、それを並べた筏もあったようです。

丸木舟は転覆しないのか？

重心と浮力

とはいっても、丸太をくり抜いただけのシンプルな丸木舟は、安定して航行することができるのでしょうか？

船には、波や風が襲ってきます。そのため船体が傾くこともありますし、最悪の場合、転覆してしまいます。大海に漕ぎ出すには頼りない気もしますが、実際はどうなのでしょう？

実際、丸木舟は決して安全なものではありませんでした。

船体がまっすぐ立っているときには2つの力の矢印が、同じ直線上で重なります。しかし、船体が傾くと一致しなくなります。

さて、左の図の場合、船体はどうなるでしょう？

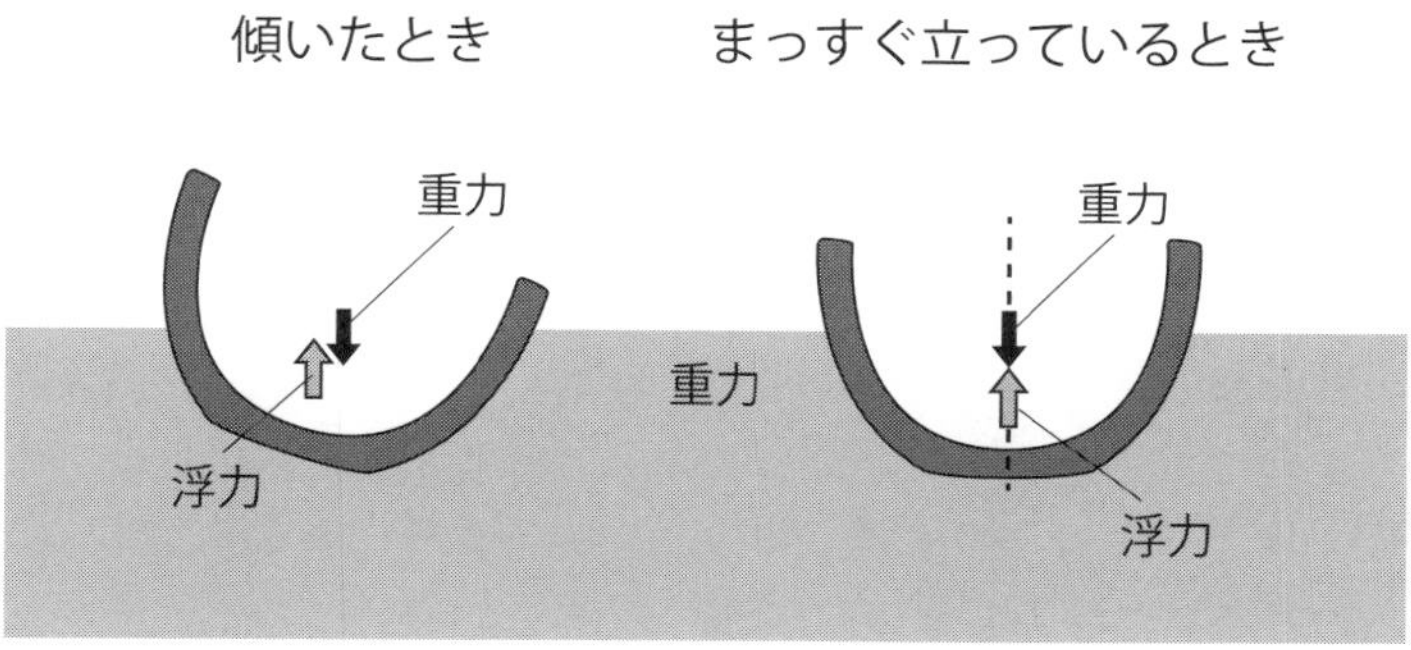

　このときにはたらく重力と浮力のペアは、ちょうどハンドルを時計回りに回転させるときと同じ力です。実際に、この場合、船体は時計回りに回転します。つまり転覆してしまうのです。転覆を防ぐには、なにかを変えないといけません。

　浮力は、船体の水に沈んでいる部分にだけはたらきますが、沈む部分は状況によって変わり、簡単には制御できません。制御できるのは、「重力」がはたらく位置です。

　重力は、船体の重心にはたらきます。船体の上側を軽くして下側を重くするほど、重心の位置は低くなります。そして、重心の位置が低くなれば、船の転覆を防げるようになります。

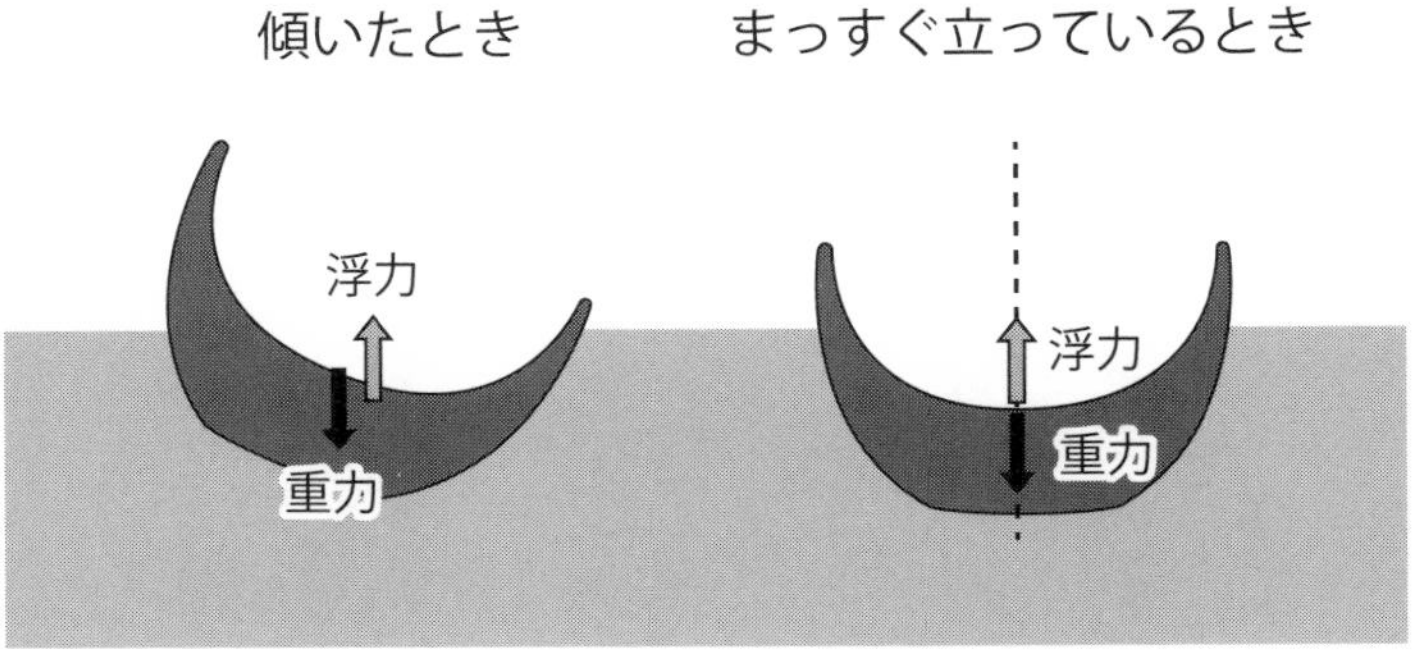

重心の位置が低ければ、上の図のように重力と浮力がはたらくようになります。この場合は、ハンドルを反時計回りに回転させるのと同じ力になります。そのため、船体の姿勢はもとへ戻されるのです。

このことは、現代の船でも重要です。船体が傾いても元の姿勢に戻るよう、重心が低くなるよう設計されています。

推進力は人力のみ

古代の人々は丸木舟で移動しましたが、容易ではなかったでしょう。

船の推進具については、丸木舟の頃には櫂《かい》と呼ばれるものを使っていたようです。

これは今でいうオールのことで、人が漕《こ》いで船を進ませるのに使う棒状の道具です。

櫂の漕ぎ方には、漕ぎ手が進行方向を向く方法と、進行方向に背を向ける方法とがあります。小型の船では、漕ぎ手は船の進行方向を向いて水をかきました。このときには、現在のカヌーで用いるパドルのようなものが使われました。

一方、大型の船では何人もの漕ぎ手が進行方向に背を向けて水をかきました。カッターボートでオールを使って一斉に漕ぐのと同じです。船体部分にある支点を利用して、てこの原理を使って大きな力を生み出しました。

船の進化

丸木舟では一度に多くの人や物を運ぶことは不可能です。しかし、人口は時代が進むとともに増え続けてきました。そのため、より多くの人、そしてより多くの生活物資を運ぶ必要が出てきたのです。

そこで、人々は船を進化させました。

まずは準構造船が誕生しました。

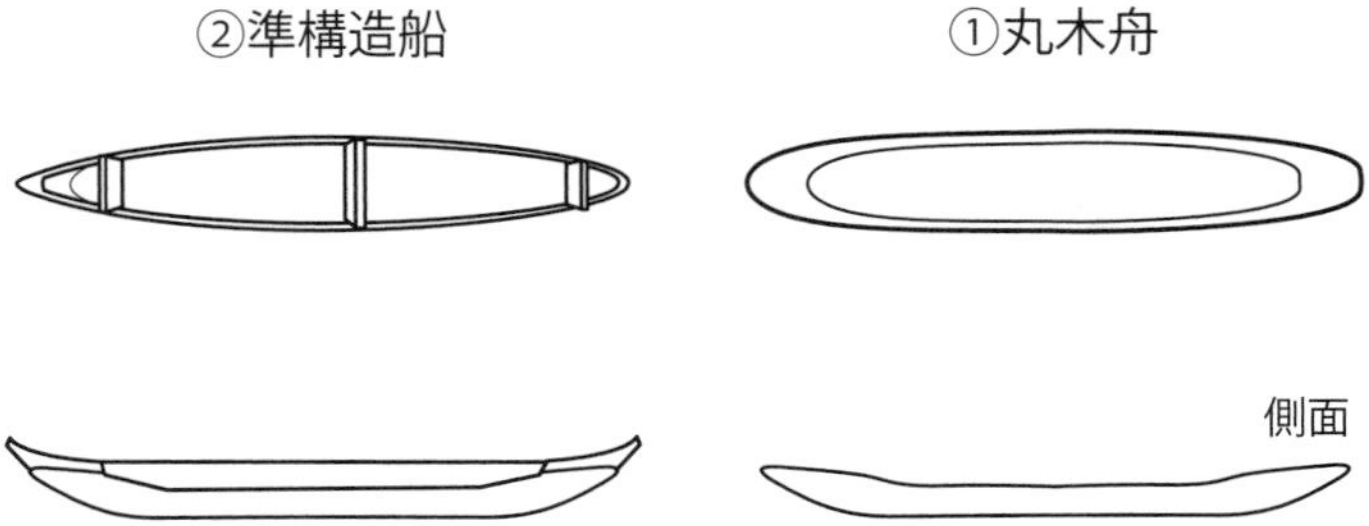

柴田昌児著「準構造船と描かれた弥生船団」（2021年8月31日）を参考に作成

準構造船とは、丸木舟に船首や船尾、また舷側板《げんそくばん》を取り付けたもののことです。こうすることでより多くの人や物を載せられるようになります。また、水の浸入を防いだり船の姿勢を安定させたりもしてくれます。

ここから、両舷側板《げんそくばん》の前後に貫《ぬき》や梁《はり》と呼ばれるものを通したものが現れます。舷側板が大きくなると、それを安定させるのが難しくなります。貫や梁を通すことで、舷側板を保持したのです。

さらに、船首と船尾に竪板《たていた》を取り付けて舷側の板の端部を固定しました。横から見ると船首と船尾が2つに分かれたように見えることから、これは「二股船《ふたまたぶね》（両枝《ふたまた》船）」などと呼ばれました。そして、最終的には竪板と貫を併用しました。

このようにして、船の安定度を増していったのです。遅くとも古墳時代前期にはこのような形だったようです。

丸木舟や準構造船には、全長7メートル未満の小型のものから12メートル以上の大型のものまであったことが、出土した資料から分かっています。

短いものは1本の木から作った丸木舟をベースとして作れますが、長いものは部材をつなぎ合わせて作られたようです。そして、それが本格的に表れるのが構造船です。

構造船は、丸木舟をベースとするのではなく、板と梁を部材としてつなぎ合わせて作られた船です。このような方法で船を作れるようになったことで、船の大型化が可能になっていきました。

③準構造船その2

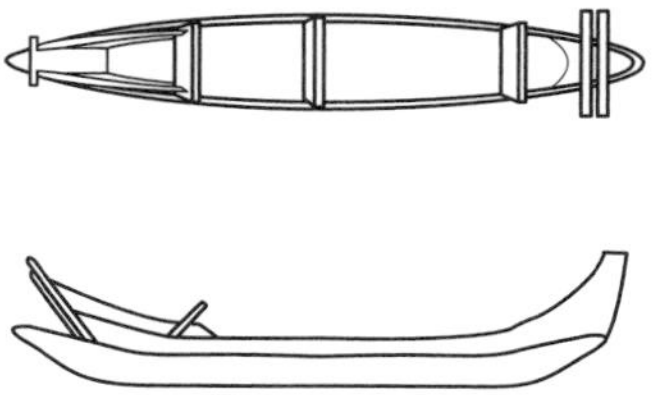

古墳時代から存在していたノコギリ

ちなみに、日本では古墳時代からノコギリが使われていたことが出土資料から分かっています。ただし、その頃のノコギリの長さはせいぜい20センチメートル程度でした。これでは、木の枝を切り落とすことはできても、薄い板を切り出すことは容易ではないでしょう。

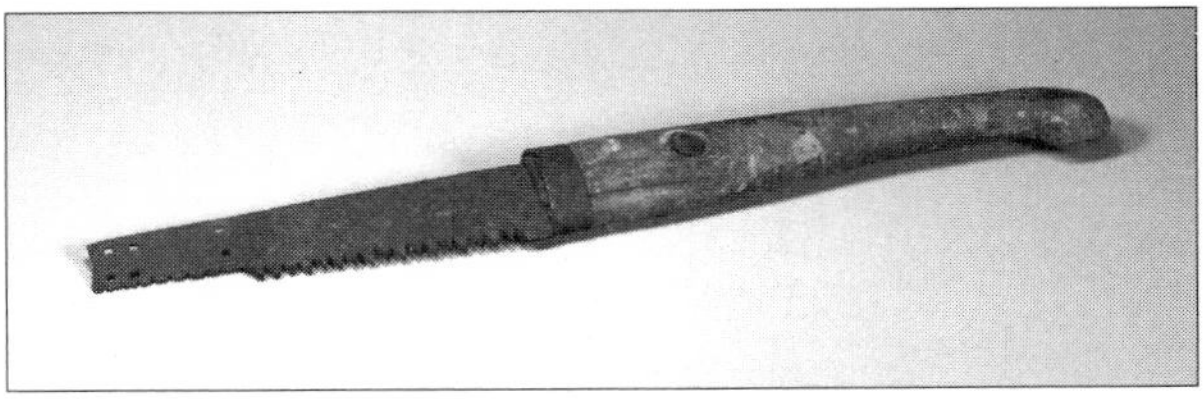

奈良時代（8世紀）のノコギリ
（出典：ColBase（https://colbase.nich.go.jp））

しかし、ノコギリで板を切り出せなかった時代から構造船は存在したようです。

その頃には杉やヒノキといった目の通った針葉樹を斧《おの》やくさびを使って薄く割って板を作っていたようです。もちろん割っただけでは板にならないため、チョウナやヤリガンナと呼ばれる刃物で削り、平らにしたそうです。

昔の人々は、相当の苦労をしながら船を作っていたことが分かります。

日本において鉄の利用が一般化し、大型のノコギリが使われるようになったのは室町時代のようです。鉄製のものなら、樹種に関係なく大板を切り出すことができます。まさに、大きな技術革新です。ただし、この頃には大ノコギリは中国から輸入しており、貴重品だったようです。

遣唐使は本当は唐に行きたくなかった？

トラブルだらけの航海

丸木舟から進化した構造船は、大型の船の誕生を可能にし、他国との往来をも可能としました。

例えば中国との交流は遣隋使から始まり、唐の時代になってからも、日本は継続して使者を派遣しました。遣唐使と呼ばれた人々で、630年から894年までの間に20回ほど派遣されています（諸説あり）。

遣唐使は、4隻（最初の頃は2隻）の船団を組んで大陸を目指しました。その大きさは、

復元された遣唐使船（クロチャン/ PIXTA）

一説では長さ30メートル、重量は300トンほどにもなったといいます。そして1隻には100~120人ほどの人が乗船し、7~8日ほどの航海を経て大陸を目指しました。しかし、遣唐使船は遭難することが非常に多かったのです。

4隻すべてが無事に大陸に着いたことはたった1度しかなかったほどで、4隻の船団を組んだ理由には「4隻のうち1隻でも着けばよいだろう」という目論見もあったと言われています。

他にも難破・火事・漂流・漂流先での現地人からの攻撃など、成功を阻む要素はいくつもありました。

遣唐使はいわば、当時の人々にとって、命をかけた出張のようなものだったのかもしれません。無事日本に戻ってくることができればエリートとして厚遇されるかもしれませんが、帰還が保証されているわけではありません。そのためか、仮病を使って結局船に乗らなかった人物もいたほどです。

菅原道真が遣唐使に選ばれたとき、それを嫌がって遣唐使制度の廃止を上申したために、遣唐使制度がなくなったのだという説もあるほどです。

なぜ遣唐使の旅は難航したのか？

それにしても、どうして遣唐使船は遭難することが多かったのでしょう？

このことについて、「遣唐使は季節風についての知識を欠いており、風向きを考えずやみくもに出航したからではないか」という説があります。

季節風とは、ほぼ半年ごとに向きを変える風のことです。季節風が生まれる原因は、陸地の「温まりやすく冷めやすい」性質にあります。夏季には陸地が温められ、空気は膨張して上昇するようになります。

一方、冬季には陸地は冷え込み、空気は収縮して下降するようになります。空気が上昇するときには気圧が下がり、下降するときには気圧が上がります。これに対して、海には「温まりにくく冷めにくい」という特徴があります。

このような陸と海との性質の違いから、風が生じます。陸地の気圧が下がるときには海か

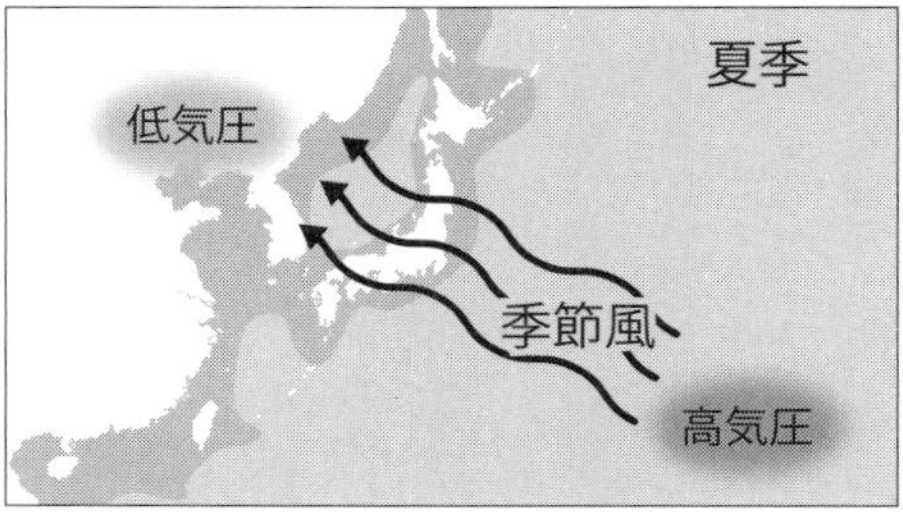

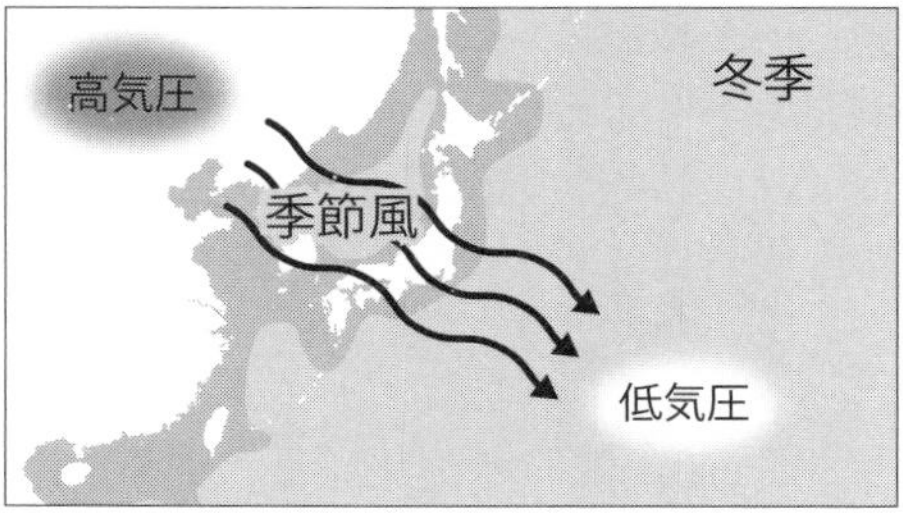

ら陸へ向かって、陸地の気圧が上がるときには陸から海へ風が吹くのです。これが、季節風です。

遣唐使が往来した東シナ海でも、夏季は南寄り（南から北へ吹く）、冬季は北寄り（北から南へ吹く）の季節風が発生します。当時の中国船がこれを熟知して活用していたのに対して、遣唐使船は季節風を味方にできなかったのではないかと言われてきたのです。

ただし、この説は最近では疑問視されています。遣唐使たちが命がけの航海をしたことを考えると、季節風のことを全く知らなかったわけではないのかもしれません。遣唐使船に遭難が多かったことには、他に要因があったと考えられます。

人力以外の力で動く「帆船」の登場

構造船の登場により、多くの人や荷物を運べるようになりました。しかし、それでも遠距離の航海は容易ではありませんでした。それは、推進力を人力に頼っていたからです。

遣唐使の船には1隻には100～120人ほどの人が乗っていたと前述しましたが、その半数以上は漕ぎ手でした。航海はおよそ7～8日間だったと考えられますが、1人の人がいつまでも漕ぎ続けられるわけではありませんから交代要員も必要ですし、航海が長くなる可能性もあります。そうすると運べるものも減ってしまいます。

このような課題を解決するものとして登場したのが、帆船です。

帆を上げ、風の力を利用することで進めるのですから、大きな変化です。

帆船がいつどこで誕生したのか、明確な記録が残っているわけではありませんが、紀元前3000～4000年頃にエジプトで帆をつけた川舟が使われていたようで、これが最初の帆船ではないかと言われています。

エジプトのナイル川は、帆船が誕生しやすい環境にありました。というのは、ナイル川周辺ではほぼ1年中、川上に向かって風が吹いているのです。この風の力をうまく利用して、川をさかのぼることができるのです。そして、川下に向かうときには帆を下ろせば川の流れに任せて移動できます。後方から風を受けて進む船にとって、この上なく好都合な環境なのです。

それでは、日本ではいつ頃から使われるようになったのでしょう?

これも明確ではないようです。

紀元前19世紀頃にエジプトで作られた帆船模型

日本が中国へ遣唐使を派遣していた時代、遣唐使船に便乗して唐へ留学した天台宗僧侶の円仁の記録には、遣唐使船に櫓《ろ》だけでなく帆も使われていたような記録があります。

その後の鎌倉時代や室町時代においては、帆を張った船が多く利用されるようになっていたようです。特に、手工業や初歩的な商業が誕生した室町時代には、国内物流促進のために大きな荷船が必要となりました。

そして、大板を何枚も組み合わせた構造の船も誕生します。ただ当時の日本では順風のときに限られていたようです。順風以外のときには、人力に頼っていました。

帆船のここがすごい

帆船のなにがすごいかというと、逆風からも推進力を得て進んでいけることです。

船体が図のように、後方からの風を受けて進むことは容易に理解できます。

ただし、船が進みたい向きに風が吹いているとは限りません。長い航海では、逆風に逆らって進むことも必要です。そしてそれは可能なのです。どうしてでしょう?

ここに、帆の真骨頂とも言える秘密が隠されています。

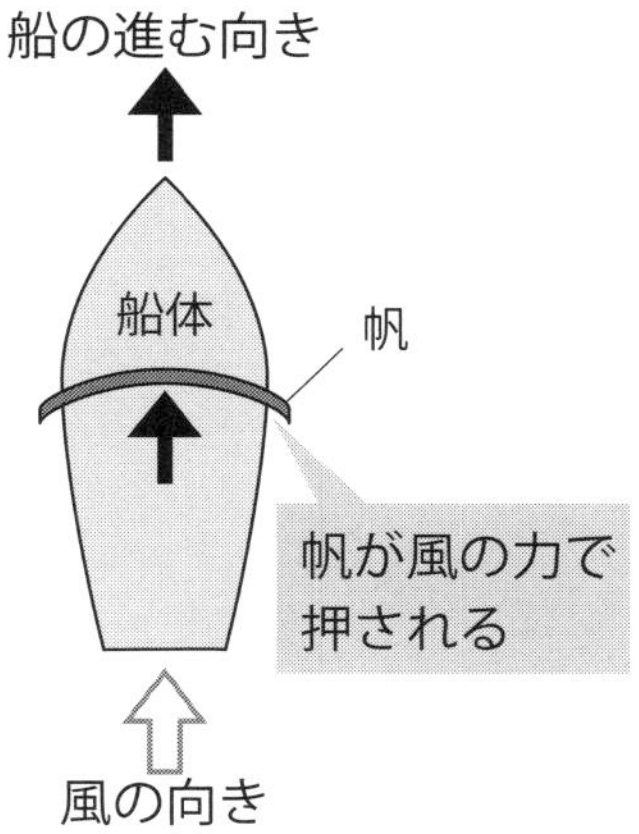

帆船が推進力を得る仕組みは、飛行機が落下しないよう上向きの力（揚力）を受けるのと同じ仕組みです。

飛行機は、上空を時速約860キロメートルというものすごい速さで飛行します。そのため、翼の上下の面に沿って激しい空気の流れが生まれます。

このとき、翼の上面に沿う空気の流れの方がより長い距離を進むことになります。そのため、上面に沿う空気の流れは下面に沿う空気の流れより速くなるのです。

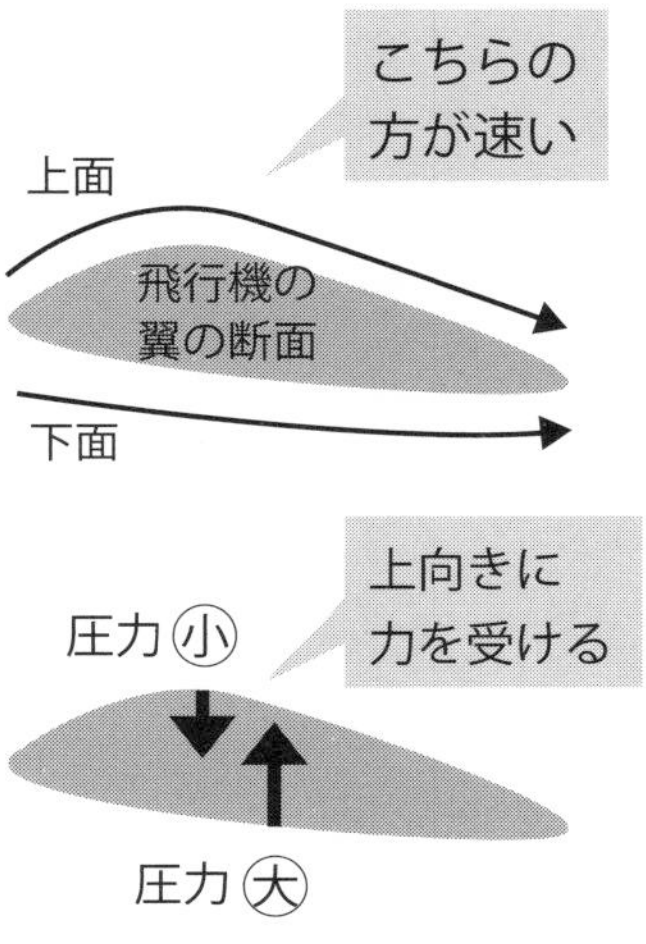

翼は空気から圧力（気圧）を受けています。空気に流れがなければ上面と下面から均等に圧力を受けるのですが、流れがある場合は違います。速く流れる空気ほど、圧力が小さくなるのです。この結果、翼は上向きに力を受けることになります。これが、飛行機に加わる揚力です。

帆にもこれと同じように、空気の流れの速さの差が原因となって力がはたらきます。

風向きに対して、左の図のように帆を向ける場合を考えてみましょう。

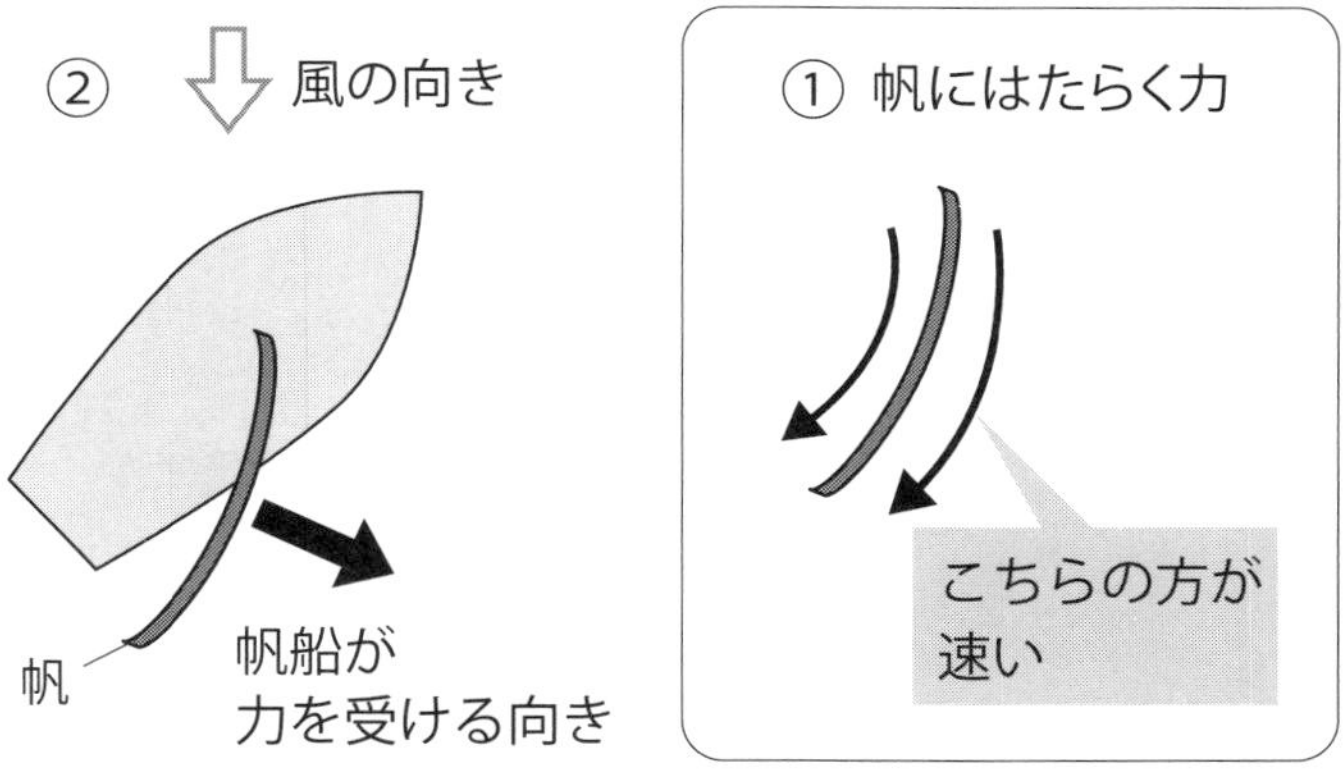

このとき、帆は①のように膨らみます。すると、空気の流れの速さに差が生まれます。この結果、帆船は飛行機の場合と同じように、②のような向きに力を受けることになります。

これでは船は前方に進めなさそうです。

しかし、大丈夫なのです。

帆にはたらく力を分解して考えてみると、帆船を「横向きに動かそうとするはたらき」と「前進させようとするはたらき」があることが分かります（次ページ図③）。

この場合、船体は横方向には大きな抵抗を受け、進行方向にはあまり抵抗を受けない形状になっています。そのため、「前進させようとするはたらき」に比べて「横向きに動かそうとするはたらき」から受ける影響は小さくなります。

③

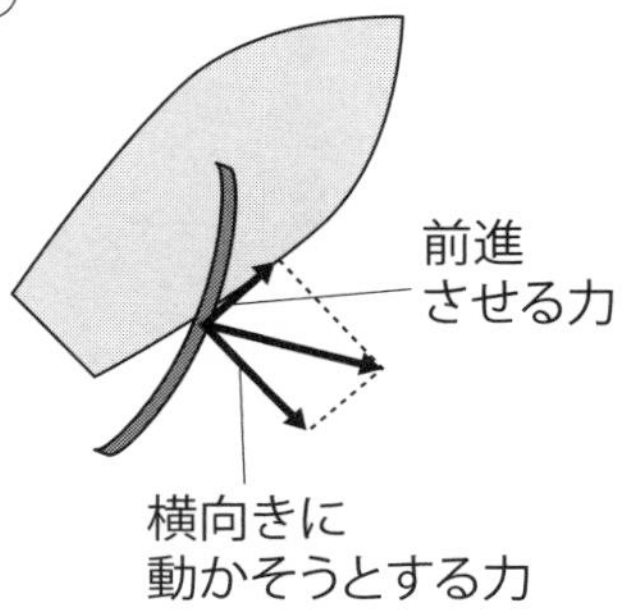

しかし、それでも影響をなくすことはできないので、帆船の底にはセンターボードと呼ばれるものがついています。これが抵抗となり、船は横向きにはあまり動かなくなるのです。

結局、船を前進させるはたらきだけが残り、これによって船は進んでいくことができるのです。

以上のように、帆船は逆風からも推進力を得て進んでいけるのです。

帆船が逆風から推進力を得るのは、あり得ないことのようにも思えます。しかし、実際に推進力が生まれます。そして、その仕組みは科学によって説明されるのです。

村上海賊はなぜ強かったのか？

村上海賊の勢力

船の使用が広がり、機能が進化したことは、海賊の誕生にもつながりました。ここでは、和田竜氏の小説『村上海賊の娘』でも有名な、村上海賊（村上水軍）を例に海賊がどのような役割を果たしていたのか見てみましょう。

村上海賊は、14世紀中頃から瀬戸内海で活躍した一族です。能島《のしま》・来島《くるしま》・因島《いんのしま》に本拠を置く三家から成り、後世には「三島村上氏」とも呼ばれました。三家は、互いに強い同族意識を持っていたようです。

村上海賊は、海の難所である芸予諸島で海上機動力を鍛えました。そして、戦国時代には

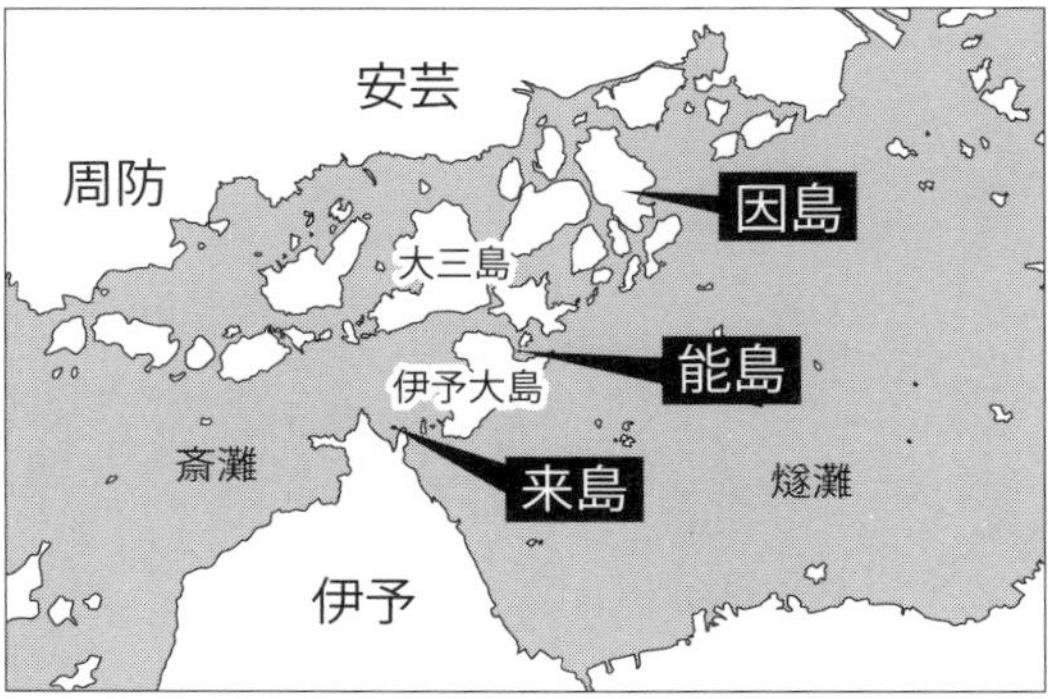

瀬戸内海の広い海域を支配したのです。

来島村上氏は、伊予国守護の河野氏の重臣として活動しました。また、因島村上氏は周防《すおう》国の大内氏に仕え、のちに中国地方の覇権を握った毛利氏の有力な海の勢力となりました。

一方、能島村上氏は独立を貫きました。村上武吉の時代には毛利氏、大友氏、三好氏、河野氏といった周辺の戦国大名の戦力の一翼を担うこともありましたが、あくまでも友好関係であり、主従関係を結んだわけではありませんでした。日本を訪れた宣教師ルイス・フロイスは、能島村上氏を「日本最大の海賊」と称したそうです。

どんな船を使っていたか

さて、村上海賊はどのような船を使って活動していたのでしょうか？

彼らが使っていた船は、大きく3種類に分けられます。

・**安宅船・阿武船（あたけぶね）**

巨大な船で、大きいものでは長さ50メートル以上、幅10メートル以上のものもあったそうです。

そして、厚い楯板を装甲しており、防備は重厚でした。そのため速度はあまり出ませんが、櫓の漕ぎ手が多く乗っていたため小回りは効いたそうです。

推進には帆を利用しましたが、戦闘時にはマストを倒し、櫓を漕いで航行しました。櫓の数は50～１５０に及ぶものまであり、漕ぎ手も50人～２００人ほどだったようです。

装甲には隙間があり、ここから弓矢や鉄砲を撃って攻撃しました。また、敵船と接触したときには楯板が外れて前方に倒れ、それを橋渡しとして敵船に乗り込んで攻撃を行いました。指揮官はこの阿武船に乗り、指揮を執りました。

安宅船（画像提供：村上海賊ミュージアム）

・関船（せきぶね）

阿武船よりも小型の船で、船首が尖っているのが特徴です。

これは、高速での航行に適した形でした。また、船体が阿武船よりも細長く、このことも船の速度アップにつながりました。

関船は、優れた機動性を活かし、他の船舶に乗りつけて通行料を徴収する役割を担いました。つまり、水上の関所の役目を果たしていたわけで、これが「関船」と呼ばれた由来だとされています。

船体には阿武船と同様に板が装甲されていました。そして、その隙間から弓矢や鉄砲で攻撃したのも同じです。

関船（画像提供：村上海賊ミュージアム）

櫓の数は阿武船より少なく、40～80ほどだったようです。

・小早（こはや）

関船は軽快な動きができることから、「早船」とも呼ばれました。そして、その小型のものは「小早」と呼ばれました。

ただし、小早はほとんど装甲していません。そのため防御力には劣りますが、非常に軽快な動きができました。

村上海賊は、炮烙火矢や投げ炮烙を主要な武器としていました。これらの武器を利用するためには、素早く敵船に近づいて仕掛ける必要があります。そのような役割を果たすのに、小早は最適です。このため、村上海賊では小早が主力とされていたのです。

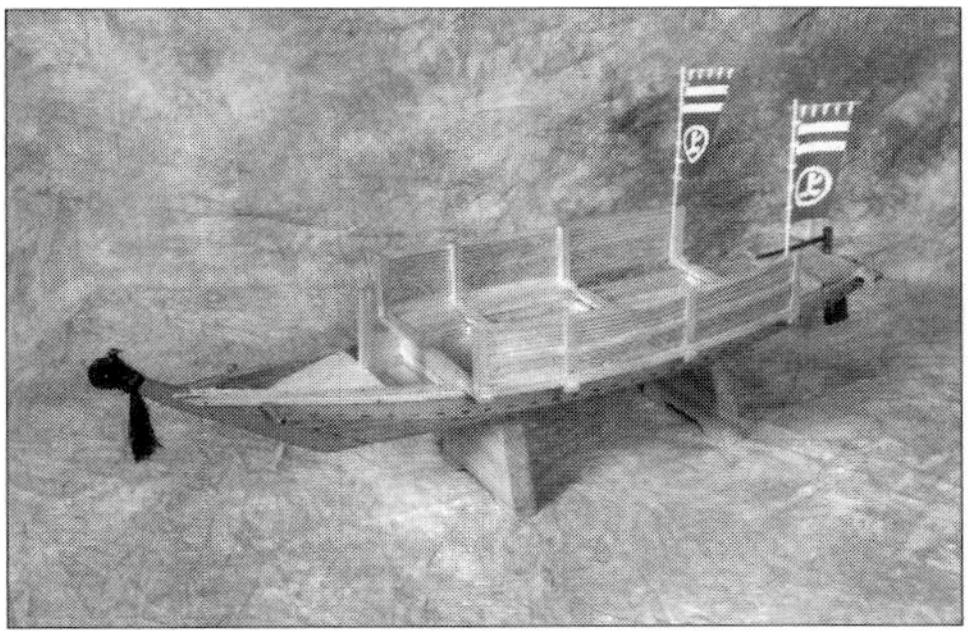

小早（画像提供：村上海賊ミュージアム）

潮流を熟知しているからこその強さ

瀬戸内海の潮の流れは複雑です。潮の流れの速さが明石海峡では時速9・5キロメートルほどであるのに対し、鳴

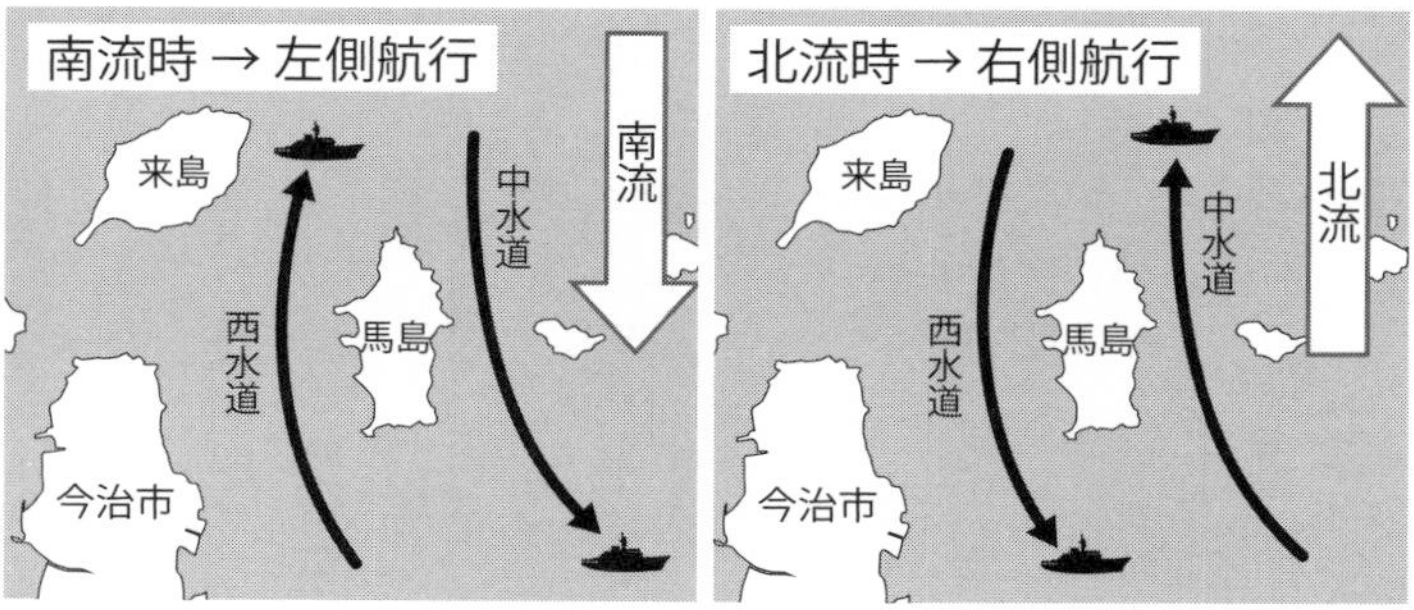

門海峡や来島《くるしま》海峡では時速19キロメートルほどもあります。そして、大きさの違う島が点在する地形も複雑です。

村上海賊の縄張りには、難所と言われる場所が数多くあります。中でも四国と大島の間にある来島海峡は、現在でも船乗り泣かせの場所です。

ここでは現在、世界でも珍しい通行形態が採用されています。右側通行が基本の海上交通にあって、潮流次第で左側通行にもなるのです。

潮流が北流時であれば通常通りの右側通行でいいのですが、航行流が南流時には左側航行になります。

潮汐の干満により、流れの方向が周期的にほぼ180度変わる潮流なので、航行の際は注意が必要です。潮流の確認はもちろん、見張りの人員も増やす必要があります。また転流時や強潮流の航行は避けることが推奨されています。

このような点を知りつくした上で、それらを最大限に活かせる船を使用したことで、村上海賊は瀬戸内の海を支配できたのです。

村上海賊のもうひとつの役割

村上海賊は諸大名の戦力として活躍しましたが、それは戦時における話です。平時には、別の役割を担っていました。

平時は瀬戸内海の水先案内人を派遣したり、海上警護を行ったり、海上輸送を担うこともありました。また、海上に関所を設定して通行料の徴収も行いました。特に、能島村上氏は北部九州から塩飽《しわく》諸島に至るまでの海上交通を把握して活動していました。

瀬戸内海の潮の流れは複雑です。そして、地形も複雑です。村上海賊はそういったことを知り尽くしていたため、水先案内人を務めることができたのです。

また、通行料にはその船を他の海賊から守り、安全に航行できるように先導するためという意味合いがありました。海賊が、海上において一定の役割を担っていたことが分かると思います。海賊に対するイメージが、少し変わったのではないでしょうか。

信長の鉄甲船は実在したのか？

圧倒的強さを誇った船の伝説

次に、織田信長軍が使用したとされる「鉄甲船」について考えてみましょう。

信長は長年対立していた浄土真宗の寺院石山本願寺に兵糧攻めを行います。石山本願寺に通じる陸路と海路を遮断し、武器や食糧の運び入れを阻止したことから木津川口の戦いが起こりました。

木津川口の戦いについては火薬の章でも登場しましたが、この戦いの中で信長が九鬼嘉隆《よしたか》に建造させたのが、鉄甲船です。

鉄甲船は、その名の通り船体に鉄の装甲をしたもので、一説では厚さ3ミリメートルの鉄板を貼り付けたものと言われています。木造の船体を鉄板で覆うことで、敵が使う炮烙火矢で攻撃されても延焼しないようにしたわけです。

そして、鉄甲船には大砲3門を搭載しました。長さ12〜13間（21・8〜23・6メートル）、幅7間（12・7メートル）という巨体がこれを可能にしたのです。九鬼嘉隆はこのような鉄甲船を6隻準備しました。

石山本願寺側の連合軍は、600隻の軍船で押し寄せます。そして、得意の炮烙火矢で攻撃を仕掛けました。しかし、鉄甲船はびくともしません。そして、引きつけた軍船に向かって大砲を射撃したのです。

恐れをなした連合軍は、退却することになります。たった6隻で、600隻の水軍を追い払ったのです。そして、第二次木津川口戦の2年後に石山本願寺法主であった顕如《けんにょ》は信長に降伏し、石山本願寺は明け渡されたのです。

信長のエピソードのひとつとして鉄甲船の伝説を紹介しましたが、鉄甲船が実在したかはいまだ定かではありません。

というのは、鉄甲船の存在を記した資料は伝聞情報しか存在しないからです。

鉄甲船の記述は、興福寺の学僧英俊が記した『多聞院日記』に登場します。「鉄の船なり。鉄砲通らぬ用意、事々敷儀なり」と書かれています。しかし、これは英俊が伝え聞いたことを記したものです。

実際に信長軍の軍船を見た人の記述としては、例えばイエズス会の宣教師オルガンチノが本国へ宛てた通信の中で「信長が建造した壮麗で巨大な船を見た。ポルトガル船に似ていて、大砲と精巧な鉄砲が装備されていた」と書いています。

信長が巨大な軍船を造り、大砲を搭載していたことは事実のようですが、鉄板で覆われていたとは記されていないのです。

ここで、鉄甲船が実在したのか、科学的視点から検証してみましょう。

鉄甲船の重さはどのくらい?

船体は、風や波がやってきても転覆しない構造である必要があります。そのために、重心を低くして、多少傾いても浮力のはたらきで元へ戻るようになっているのでした（130ページ参照）。

もし敵から攻撃を受ける船体上部を鉄板で覆うとなると、鉄板の重量の分だけ、船は重くなります。

仮に、厚さが3ミリメートル、前後の長さ20メートル、高さ3メートルの鉄板が船の左右に取りつけられたとしてみましょう。

この場合、鉄板の体積は0・003×20×3×2＝0・36立方メートルです。1立方メートルの鉄の重さはおよそ8トンですので、0・36立方メートルだと8×0・36＝2・88トンという計算になります。

鉄板の大きさは仮のものですが、鉄板で覆うことでかなり重量が増すことが分かると思います。

また、船体上部を鉄板で覆うことで、重心の位置が高くなります。そうすると船は転覆しやすくなります。転覆を防ぐには、船体の底の方も鉄板で覆うなどして重心を下げる必要があります。しかし、そうすると船体全体の重量がさらに大きくなってしまいます。

上部を鉄板で覆うだけでも推進力に影響を与えるのに、底部まで重くしたら、あまりに鈍重な動きしかできない船となってしまうでしょう。

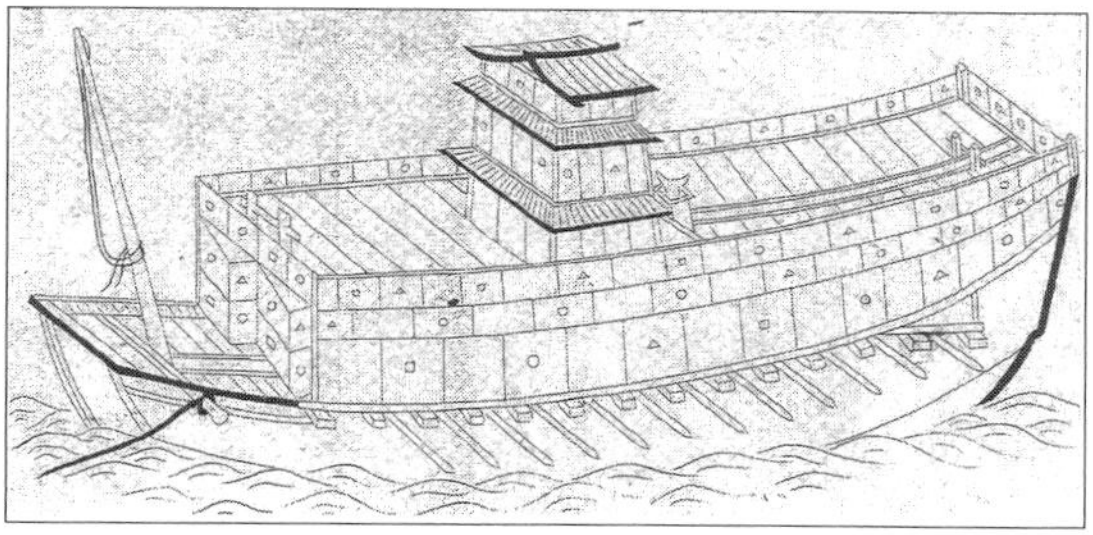

17世紀に描かれた大安宅船。鉄甲船の想像図は、このような形で描かれる場合もある。（『全流舟軍之巻』所収）

ただでさえ、鉄甲船は巨大なものだったというのです。それが鉄板によってさらに重いものになったのでは、戦闘で活躍できるものにはならなそうです。だからといって重心の高さを高いままにすると、今度は転覆のおそれが出てきます。

以上のようなことを考えると、鉄甲船の存在に疑問符がついてしまいます。

それでも、「ポルトガル船に似ている」という記述の通り、幾重にも帆を張ることで推進力を得ていた可能性もあります。

実在したのかハッキリしない鉄甲船ではありますが、存在したとして、木津川口の戦いの後はどうなったのでしょう?

こちらもハッキリと分かっていません。信長が本能寺の変に倒れた後、大阪湾に投錨されたまま放置され、朽ち果てていったのかもしれません。あるいは、解体されて数隻の小早に造り変えられたという説もあります。または沈没したという説もあります。

いずれにしても、この時代に鉄甲船のようなものが存在したかもしれないと思うと、信長の奇想天外さには驚かされてしまいます。鉄甲船が伝説にすぎないのなら、信長というスケールの大きい存在が生み出した伝説と言えるのかもしれません。

江戸時代の繁栄を生んだのは船だった？

国内の船の発展

その後、江戸時代の初期の頃までに中国や西洋の造船技術が日本へ伝わってきます。そして、中国帆船とスペインのガレオン船の良いところを組み合わせた船が誕生します。

1本目と3本目のマストにはガレオンのラテンセール（南方船で使用されていた帆）を張り、船首から突き出すボウスプリットとその下に張る帆もガレオンから取りました。2本目のマストには中国式の硬い縦帆《じゅうはん》（船の中心線に沿った方向に帆を張る帆）を張りました。

これは、順風のとき以外にも風から推進力を得られる構造に進歩していました。ただし、人力が不要になったわけではなく、人力から完全に独立するのはもう少し後になってからのことです。

大都市が形成され、人の移動や物流がさかんになった江戸時代には、日本独自の造船技術が発達しました。道路も未整備だった当時、物資輸送の多くを海運に頼っていたのです。

弁才船

江戸時代には多くの船が作られたのですが、その中で主力商船となったのが「弁才船《べざいせん》」と呼ばれる形の船です。

17世紀前半に瀬戸内海で活躍していたもので、これが全国的に普及したのです。なお、「千石船《せんごくぶね》」というのは大型の弁才船を指す呼び方です。

弁才船は四角形の帆1枚を搭載したもので、帆走性能が高く少数の乗組員で済むというメリットがありました。

菱垣廻船

北前船

弁才船はより速く効率的に輸送する工夫がなされたもので、江戸時代中期には各地にあった種々の商船が弁才船に統一されていきました。

そして、その地方に特有な形（地方型）や、用途に合わせて形を変えたもの（派生型）が現れるようになりました。

次のような有名な例があります。

・北前船《きたまえぶね》：地方型の代表例。北海道と大坂を日本海経由で往復しながら、沿岸各地でものの売り買いをした商船。

・菱垣廻船《ひがきかいせん》：大坂から江戸へ木綿、醤油、油、酒、酢、紙などの日用品を運んだ貨物船。

・樽《たる》廻船：上方（近畿地方）から江戸へ酒を運んだ。酒専用の貨物船。

風の力で前進し、しかも逆風でも前進できる帆船が普及したことで、思い通りの物流が実現されるようになりました。帆船が、

樽廻船

江戸時代の経済の発展を支えていたのです。

なお、江戸時代中期の頃には、船の推進力は完全に帆に移行し、人力に頼らなくて済むようになったようです。

多くの漕ぎ手を乗せる必要がなくなり、一度に多くの荷物を運べるという点でも、人件費がかからなくなったという点でも、経済性の高いものになったのです。

このように必要に合わせて進化していった船は、さまざまな生活物資を運搬し、江戸の人々の暮らしを豊かなものしていったのです。

開国を余儀なくさせた黒船のテクノロジーとは？

蒸気機関の登場と船への応用

船の推進力は、櫂から帆へと進化しました。これにより、人力への依存を大きく減らすことができました。ただし、帆船が万能なわけではありません。水上の風は常に安定しているわけではないからです。逆風の中も進めますが、ジグザグ進行も必要になります。

そこで、帆に代わる推進力として登場したのが蒸気機関です。

蒸気機関は、水を熱して蒸気とし、蒸気の力でピストンを往復運動させ、動力を得るシステムです。蒸気機関の研究は18世紀初頭から続けられていましたが、なかなか実用的なものには至りませんでした。

そのような中、１７６９年にイギリスのジェームズ・ワットがエネルギー効率の高い蒸気機関を発明しました。これが、蒸気機関の実用化への道を開きました。

蒸気機関の誕生によって、18世紀から19世紀前半にかけ、イギリスを皮切りとして産業革命が起こりました。それまで人力に頼っていた仕事を機械によって行えるようにし、ものの生産効率を飛躍的に向上させたのです。

蒸気機関は、移動手段の重要な動力源にもなりました。これを水上で活かしたのが蒸気船です。

蒸気船の進化により世界が狭くなる

初期の蒸気船は、帆走を併用するものでした。

初めて蒸気機関を利用した船は、蒸気機関の力で取り付けられたオールを前後に動かして推進させるものでした。

その後、１８０７年には「外輪」をつけた蒸気船が誕生しました。外輪とは、船体の側面や船尾に取り付けられた水車のようなもので、これを蒸気機関の力で回転させ水をかくことで、船が進みます。外輪船は４ノット（時速７・４キロメートルほど）の速さで走りました。

このような蒸気船が、１８１９年には大西洋を横断することに成功しました。

そして、ついに蒸気機関の力だけで進む船が誕生します。アイルランドのシリウス号という蒸気船は、蒸気の力だけで大西洋を渡りました。１８３８年のことです。船は、帆走を必要としない形に進化していったのです。

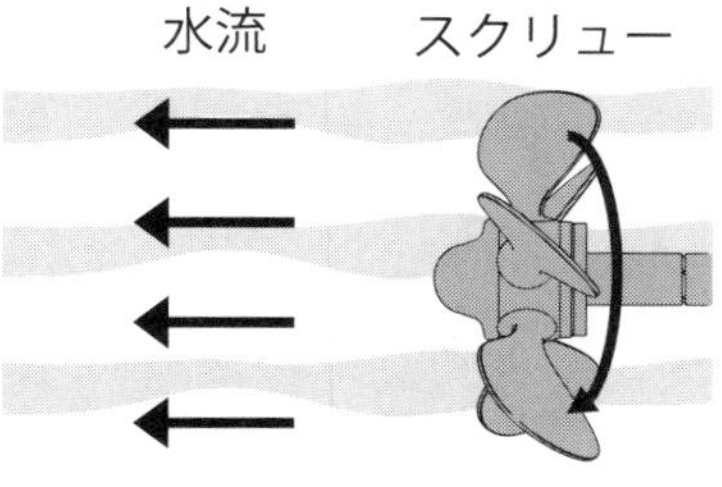

蒸気船が実用的な船としての地位を占めるまでには、１つの進化がありました。外輪からスクリューへの変化です。
スクリューは、現在の船でも用いられているもので、船の後ろ側に取り付けられたプロペラです。蒸気機関の力でこれを回転させて船を前進させるのです。
しかし、スクリューは回っているだけです。それなのに、どうして推進力が生まれるのでしょう？
スクリューの羽は回転したときに一方向に水を移動させるよう

な形状になっています。このとき、スクリューの羽を逆向きに回すと、水の流れる向きも逆になります。

このことは、扇風機の羽と同じように理解できます。扇風機を回すと、必ず前方に向かって風が吹いてきます。これは、決まった方向に空気の流れを生み出しているのです。そして、もしも扇風機を逆回転させたら、風の向きも逆になります。

以上のように、スクリューには水の一方向への流れを生み出すはたらきがあるのです。そして、それが推進力を生み出します。

蒸気船のスクリューは、水を後方へと移動させるように回転します。このとき、水は後方に向かって力を受けることになります。すると、船は水からその逆向き（すなわち前方）に力を受けることになるのです。

これは「作用反作用の法則」と呼ばれ、何かを押したら押し返されるのと同じことです。

このような仕組みで、蒸気機関によってスクリューを回すことで船は推進力を得ることができるのです。

水を一方向に押せるようにした、ただそれだけの工夫で蒸気船は実用化されるようになったのですね。歴史を支えた技術には、案外シンプルなものが多かったのです。

1845年、イギリス海軍は従来の外輪による蒸気船とスクリューによる蒸気船の性能比較を行いました。両者の重量や帆といった条件を揃えて並走させ、どちらが速く進めるか競争させたのです。

結果は、スクリュー船の勝利でした。両者に綱引きも行わせたそうです。こちらもスクリュー船が勝利したことで、スクリューは外輪に勝る性能を持つことが示されました。スクリュー船が誕生し、その推進力の高さが認識されたことで、蒸気船が普及していくことになりました。

ペリーの来航による開国騒ぎ

さて、蒸気船を動かすには大量の燃料が必要です。当時蒸気船の燃料に使われていたのは、石炭です。特に、大洋を航行するときには途中で石炭を補給する必要があります。

サスケハナ号（南北戦争期に撮影されたもの）

蒸気船の運行において特に考えなければならなかったのが、いかにして燃料を補給するかということでした。じつは、このことが日本を激動の時代へと突き動かすこととなるのです。

１８５３年、ペリー率いる黒船が日本へやってきます。黒船は、全長78メートル、乗員数は３００人という巨大なものでした。当時日本が所有していた船の中で最大の千石船でも、全長25メートル、乗員数は１００人でしたから、黒船を見た日本人はその巨大さに圧倒されてしまったのも無理はありません。

黒船の艦隊は、蒸気船と帆船で構成されていました。日本の人々は、蒸気船の威力に驚嘆したのです。

一足遅かった日本の蒸気船

ただし、薩摩藩では黒船来航以前から蒸気船の建造に向けて取り組んでいたという歴史があります。その鍵を握ったのは、日本人として初めてアメリカ本土へ足を踏み入れたジョン万次郎です。

土佐の漁師の家に生まれた万次郎は、14歳のときに仲間とともに漁に出て遭難します。そして、漂着した無人島で生活することになります。

無人島生活が143日続いたとき、アメリカの捕鯨船ジョン・ハラウンド号に助けられます。この出会いが、その後の万次郎の人生を大きく変えることになります。じつは、万次郎は中浜万次郎というのが本名で、船名にちなんでつけられた愛称がジョン万次郎です。

万次郎は船長に気に入られ、アメリカへと連れていかれます。そして、英語・数学・測量・航海術・造船技術などを学びました。首席になるほど熱心に学んだそうです。

そして、1851年に日本へ帰国します。薩摩藩領の琉球へ上陸したのです。

これは、当時としては命がけのことでした。というのは、鎖国していた日本では海外へ行くことは禁止されていたからです。万次郎は、死刑をも覚悟して帰国したとされます。

案の定、万次郎は琉球の薩摩役人に捕えられ、尋問を受けることになります。しかし、薩摩（鹿児島）へ送り届けられてからは厚遇されたとも言われます。薩摩藩は、万次郎からアメリカの最新事情から技術に至るまで聞き出したかったのです。

薩摩藩主の島津斉彬《なりあきら》は、万次郎のもとへ田原直助ら造船技術者を毎日派遣し、造船技術から航海術に至るまで教わったのです。

薩摩藩では、このように海外の技術を取り入れることに熱心でした。入手先は万次郎だけでなく、オランダの技術書を翻訳して『水蒸船説略』を完成させるなど、蒸気船の建造に取り組んでいました。

そうして努力の末に完成したのが、雲行丸です。

雲行丸は外輪を備えた蒸気船で、これが日本初の蒸気船でした。試運転は1855年8月で、船体は長さ約14・5メートル、幅約2・7メートルの小型船で、その後輸送船や連絡船として使用されました。

ただ、薩摩のこの蒸気船の完成よりも黒船来航の方が少し早かったのです。黒船来航は1853年7月ですから、約2年の差があったことになります。

黒船来航を機に、日本は蒸気船を導入することを緊急の課題としました。蒸気船導入が急がれることになったのです。

いち早く蒸気船を完成させた薩摩藩には、他の藩が技術を学びに来るようになります。例えば、四国の宇和島藩からは前原巧山《こうざん》という技術者が赴いています。前原は刀飾り、かんざし、提灯、人形、仏像の彫刻、鎧兜の製作や修繕まで手掛ける、多種多様な技術を持った人でした。そして、藩主の命によって蒸気船建造の研究をしていたのです。しかし成功せず、薩摩藩に学んだのです。そして、その後1858年に宇和島藩でも蒸気船が完成することになります。

その後、1865年には実用的な蒸気船としては初の国産となる「凌風丸《りょうふうまる》」が、佐賀藩

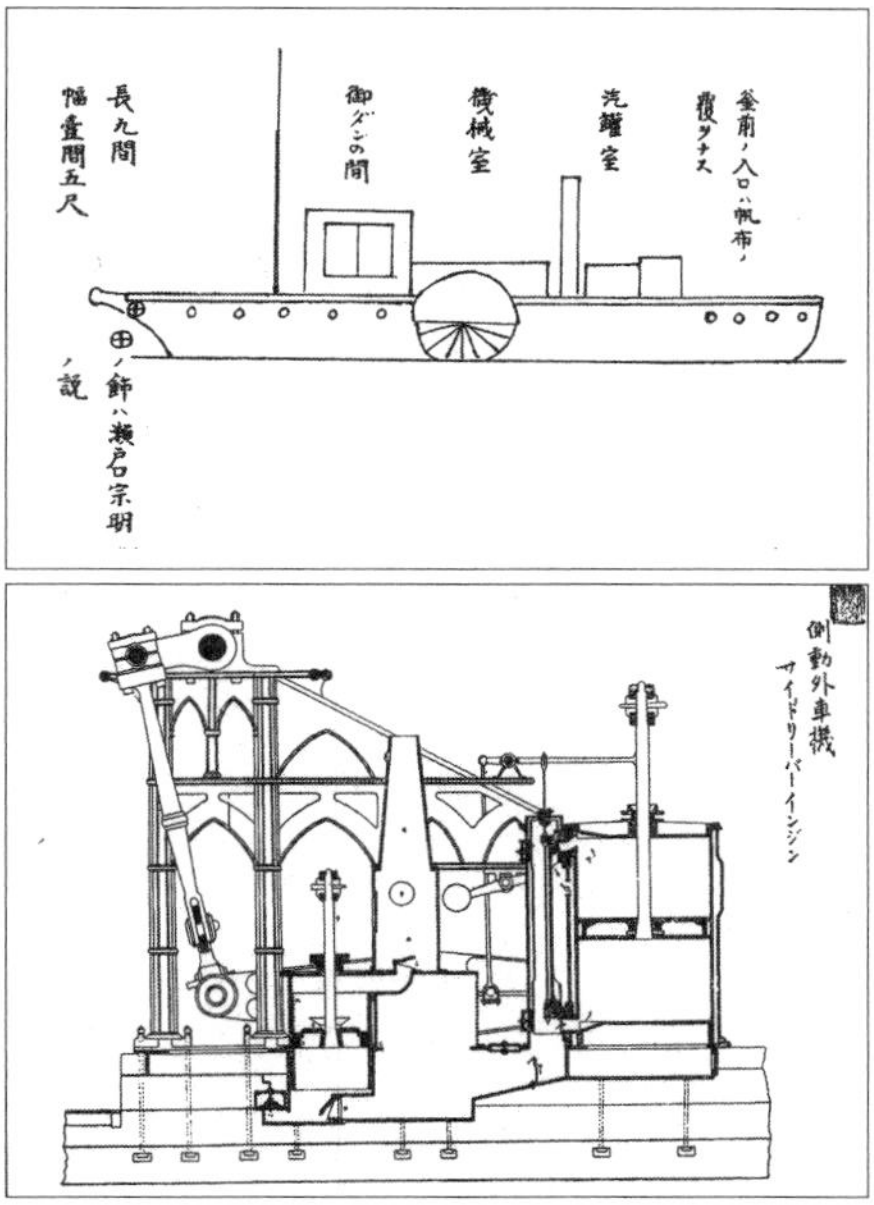

雲行丸全体とエンジンの側面の図（『薩摩海軍史』・上野 喜一郎著『船舶百年史〈前篇〉』より）

凌風丸

で建造されました。

日本の造船は明治時代以降も進化を続け、現代に至ります。特に、明治時代には製鉄所が整備され、鉄製の船が誕生することになります。

鉄の重さについては155ページで述べましたが、それでも浮かんでいられるのは内部に空洞部分を作っているからです。使用する鉄の量を抑えると同時に、水に沈む部分を増やして浮力を大きくしているのです。信長の鉄甲船はフィクションかもしれませんが、時代を経て鉄船が実現したのです。造船に携わってきた多くの人々の知恵と工夫が、船を進化させ続けてきたのですね。

4章

酒

日本人はいつから酒を飲んでいた？

縄文土器から探る古代の酒

人々は何を食べ、何を飲んできたのか？　食文化を知ると歴史に対する理解はグッと深まるでしょう。お酒が歴史を大きく動かした、なんていうことも珍しくありませんでした。この章では、今も昔も多くの人に愛されているお酒にまつわる謎を探ってみたいと思います。

お酒は世界各地で誕生し、発展してきました。日本の場合、なんと1万年以上昔の縄文時代からお酒が飲まれていたと考えられています。

ただし、縄文時代には「お酒を作った」というより「自然にお酒ができた（のを発見した）」というのが正しそうです。

縄文時代にお酒が飲まれていたと考えられている根拠は、縄文時代の土器の中に山ぶどう

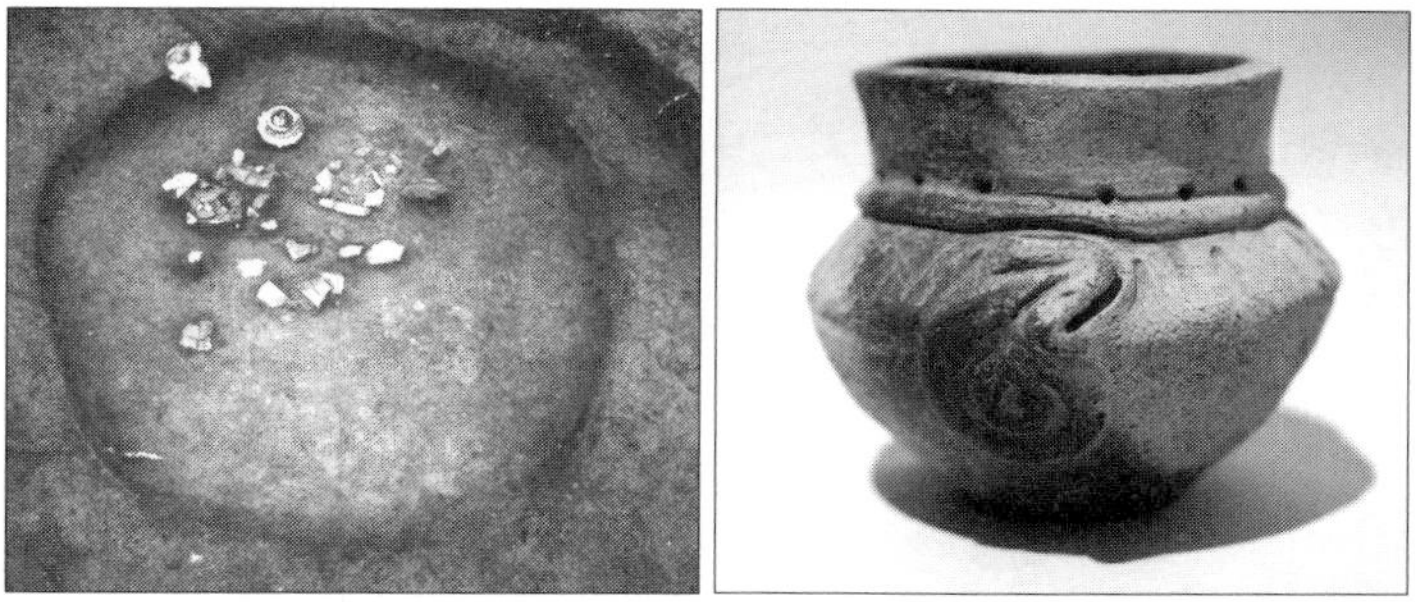

右：井戸尻遺跡から見つかった有孔鍔付土器（画像提供：井戸尻考古館）
左：安道寺遺跡の土器の発掘現場（画像提供：山梨県立考古博物館）

の種が見つかったことです。

例えば、長野県の井戸尻《いどじり》遺跡では「有孔鍔付土器《ゆうこうつばつき》」と呼ばれる、口の近くに多数の小さな穴が開いた土器が見つかっており、この中に山ぶどうの種が残されていたのです。

このことから、縄文人は山ぶどうを土器の中で自然発酵させて、いわゆるワインにして飲んでいたのではないかと考えられています。

土器に開けられた多数の穴は、発酵のメカニズムを利用するために開けられたものだったのかもしれません。

同じく縄文時代の遺跡である山梨県の安道寺《あんどうじ》遺跡では、有孔鍔付土器が見つかった床面が掘りくぼめられていました。

これについても、土器を保温してその中で木の実などを発酵させていた跡と考えることができます。

世界でも同じように、古代からお酒が誕生していたようです。

例えば、メソポタミア地方のシュメール人は、紀元前４０００年頃にはぶどう栽培を行いワインを作っていたことは有名です。中国でも、紀元前７０００年頃の遺跡の陶磁器から果実を発酵させたときの成分が検出されています。

このように、世界各地でも果実酒が最初のお酒となった例が多いようです。

また中国では、果実だけでなく、米や蜂蜜を発酵させたときの成分が検出されています。蜂蜜からお酒を作るというのは意外ですが、果実や米と同じく、糖分を豊富に含むために可能となるのです。

古代から人々は工夫をこらして、自生する植物や動物から採取できるものをもとに、地域に合ったお酒を作ってきたのですね。そのような人々の子孫である私たちがお酒を好きなのは、当たり前と言えるのかもしれません。

酒を作るのは微生物

世界各地で生まれたお酒を紹介しましたが、これらのお酒にはすべてに共通する点があります。先ほどから何度か登場している、「発酵」によって作られるという点です。
もう少し丁寧に説明すると、次のようになります。

お酒は「醸造酒」「蒸留酒」「混成酒」の3つに分類されます。

とはいえ、すべてのもとになるのは「醸造酒」です。醸造酒を蒸留して作られるのが蒸留酒、醸造酒や蒸留酒に他の原料などを混ぜて作るのが混成酒だからです。

醸造酒は発酵によって作られます。すべてのもとになる醸造酒が発酵によって作られているということは、どんなお酒も発酵によって作られるということになるわけです。

実際、ワイン、日本酒、ビール、ウイスキーまで、さまざまなお酒は発酵によって生まれています。古代人も現代の私たちも、発酵というプロセスにたいへんお世話になっていることは変わらないのです。

発酵とは、「微生物が有機物を分解して別の物質に変化させること」を言います。

ここでは仕組みが一番シンプルなワインを例に説明したいと思います。

ワインの原料はぶどうですが、ぶどうにはブドウ糖という糖分が含まれています。そして、ぶどうの皮の部分には「酵母」と呼ばれる微生物がいます。これが、ブドウ糖を分解するはたらきを持っているのです。

ブドウ糖は左の図のように分解されます。この過程で、ブドウ糖が二酸化炭素とエタノールという物質に変わることが分かります。

エタノールは、アルコールの一種です。お酒のことを「アルコール」と呼ぶことがありますが、じつはアルコールというのは共通の性質を持つ物質のグループ名であり、その代表例がエタノールということになります。

また発酵の過程では、二酸化炭素が発生します。気体が発生するので発泡が起こります。

先ほど、井戸尻遺跡で発掘された有孔鍔付土器には小さな穴が多数開いていたという話をしましたが、土器に開けられた多数の穴というのは、発酵によって発生するガスを逃がすために開けられたものだったと考えられるのです。

ちなみに、酵母はもともとぶどう自体に住み着いていますが、現在ではワインを作る際に酵母を加えるのが一般的です。

ワインのアルコール度数はエタノールの濃さとイコールで、ぶどうが含んでいる糖分の量

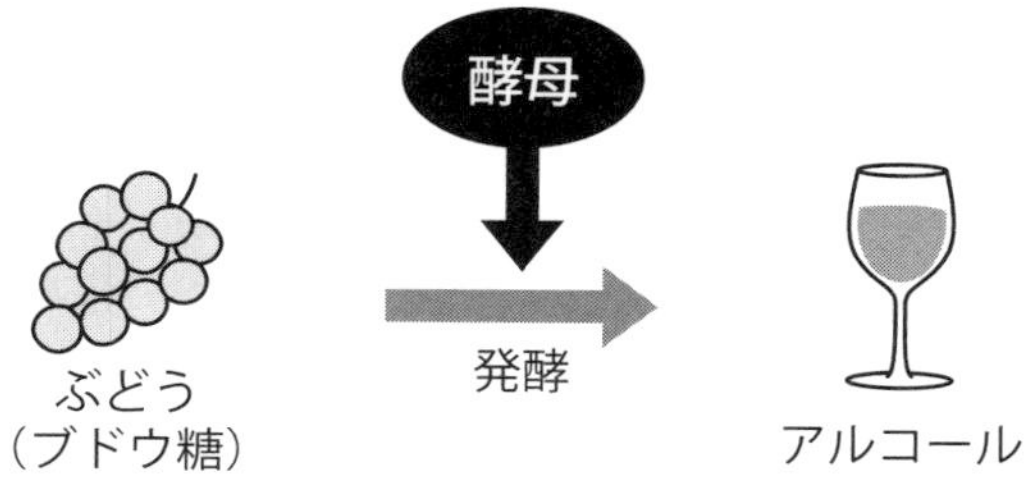

によって変わります。糖分が多ければアルコール度数は強くなります。アルコール（エタノール）のもとは糖分（ブドウ糖）だからです。

そして、ブドウ糖をすべて残らず発酵させれば、甘みが残らず渋味の強いワインとなります。

逆にブドウ糖の一部を発酵させず残せば甘味を増やせることになります。放っておけばブドウ糖の発酵はどんどん進みますが、冷却して酵母のはたらきを抑えることで発酵を止めることができます。

他のお酒も、基本的にはワインと同じ仕組みで作られます。ただし、日本酒の場合は原料に糖分が含まれていないため、酵母を加えるだけでは発酵は起こりません。人為的に発酵を起こす工夫をしているのです。

日本酒とワインはどう違う？

日本酒の原料は、もちろん米です。ぶどうとは違い、米には糖分は含まれていません。ですので、発酵を起こすためのプロセスが最初に必要になります。

その役割をしているのが「酵素」です。

米には、デンプンが豊富に含まれます。これに酵素がはたらくと、糖分に変わっていくのです。

日本酒造りの場合は「麹《こうじ》」というものが使われます。麹とは、カビの一種である麹菌を穀物に生やして酵素を分泌させたものです。発生する酵素は、デンプンを糖分（ブドウ糖）に変えるのです。米作りがさかんで高温多湿な日本だからこそ、日本酒が誕生したのですね。

なお、日本酒の始まりはあまり明確ではないようです。

従来は、弥生時代に中国から伝来して日本で稲作が始まったとされていました。しかし、縄文時代晩期（今から約２６００年前）の菜畑《なばた》遺跡（佐賀県）から水田の跡が見つかっており、縄文時代にすでに日本人は稲作を行っていたことが近年の調査により分かっています。

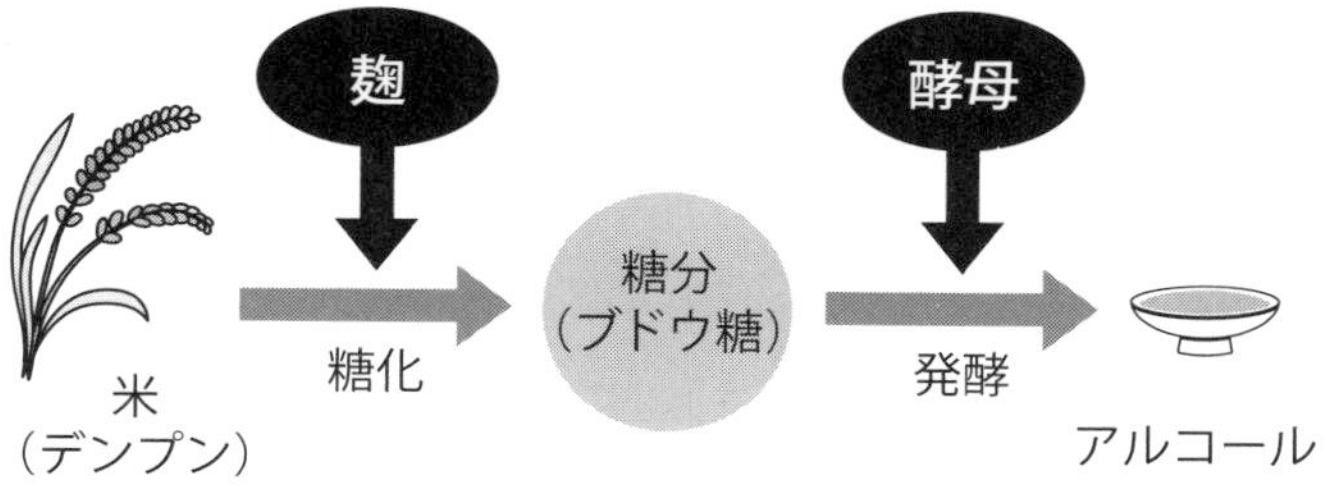

そのため、冒頭に紹介したワイン風の縄文の酒と同じく、日本酒造りも縄文時代から行われていた可能性があります。ただし、やはり稲作が日本全土に普及したのは弥生時代であり、日本酒造りは弥生時代に始まったとする考えが有力視されています。

3世紀の日本の様子を記した『魏志倭人伝』（280～290年代）に「性向として酒を嗜む」「歌舞飲酒す」という言葉が登場することから、少なくともこの頃には確実に日本酒造りが行われていたと思われます。

八俣の大蛇が飲んだのはどんな酒？

何度も濾すことで強い酒になる

日本酒にまつわる話は古い書物にも登場しています。

現存する日本最古の書物『古事記』には、次のような話が残されています。

高天原《たかまがはら》（神が生まれる・住んでいる場所）から出雲の国に降り立った須佐之男命《すさのおのみこと》は、ある老夫婦に出会います。そして、八俣《やまた》の大蛇《おろち》が年ごとに娘を喰らっていき、残るは櫛名田比売《くしなだひめ》ただ一人になってしまったという嘆きを聞きます。

そこで、須佐之男命は「櫛名田比売を妻として迎えさせてくれるなら、八俣の大蛇を退治しよう」と約束します。須佐之男命に強い酒を作るよう言われた老夫婦は、醸造を繰り返して強い酒、すなわちアルコール濃度の高い酒を作りました。

まずは、いったんできた酒を布で濾《こ》します。そこへ蒸米、麹、水を加えてさらに発酵させることでアルコールの濃度が上がります。このようなことを繰り返したということです。

アルコール濃度が上がるにつれて酵素のはたらきが弱まってしまうため、強い酒ができるまでには時間を要することになります。大蛇を酔わせるほどの酒は、娘を助けるための老夫婦の必死の思いと長期の努力から生まれたものだったのですね。

酒を飲む大蛇

須佐之男命は苦労の末にできあがったきわめて強烈な酒を八俣の大蛇に飲ませ、酩酊したところを斬りつけて退治することができたのです。

八俣の大蛇に飲ませた酒は「八塩折《やしおり》の酒」と呼ばれます。「八塩析」は「何度も醸造すること」を意味し、日本の書物に最初に登場する酒と言われています。その時代に生きた人々の思いが、日本酒文化を発展させてきたのかもしれません。

ちなみに現在でも、この酒を再現したものが醸造・販売されています。

天皇も酒を楽しんでいた

『古事記』には、次のような話も記されています。

応神天皇のとき、来日した百済人《くだら》の須々許理《すすこり》という人物が醸酒の法を伝えることがありました。応神天皇はこれを喜び、歌を詠みました。

「須々許理が　醸《かも》しみ御酒に　われ酔ひにけり　事無酒《ことなぐし》　笑酒《えぐし》に　われ酔ひにけり」

「事無酒」は平安無事な酒、「笑酒」は顔がほころぶような酒を指します。このような言葉とともに「われ酔ひにけり」と二度も述べていることから、応神天皇がよほど酒を楽しんでいたことがうかがわれます。

古事記と同じく奈良時代の書物である『播磨《はりま》国風土記』（播磨国は現在の兵庫県のあたり）には、「大神の御乾飯《みかれいひ》が濡れてカビが生えたので、酒を醸させ、庭酒《にわき》として献上させて酒宴をした」という記載があります。これが、カビを利用して日本酒を醸造する様子が書かれたもっとも古い記録とされます。

古代人はどんなお酒を飲んでいた？

酒造りは国の仕事だった

日本酒造りは、弥生時代以降、日本中に広がっていきます。

ただし、古墳時代や飛鳥時代の頃には、お酒は豊作を願って神や天皇に捧げるものとされていました。まだまだお酒は特別な飲み物だったのです。

日本酒造りを推し進めたのは、先ほども登場した麹《こうじ》です。


麹の伝来については、大和時代から奈良時代にかけて中国から伝来した、弥生時代に米作りと同時に伝わったなど、諸説あります。『古事記』の中に麹を使ってお酒を作ったことが記録されていることから、少なくとも奈良時代には伝来していたことが分かります。

そして、奈良時代には「酒部《さかべ》」と呼ばれる酒造り専門の部署が朝廷に設けられました。今では考えられないことですが、酒造りは国の仕事だったのです。年中行事の宴会などには、日本酒が欠かせませんでした。それだけお酒が大事なものとして扱われていたのですね。

酒部は平安時代には「造酒司《みきのつかさ》」と名前を変えますが、やはり国の機関として酒造りを司っていくことになります。

平安時代には、宮中で行われていた儀式や行事、制度や法律などをまとめる国家事業がありました。そうして編纂されたのが、「延喜式」という法典です。

日本史の勉強で聞き覚えのある方も多いのではないかと思いますが、ここに日本酒の作り方や、お燗で飲む方法までが記されているのです。日本酒造りはそれほどまでに重要視されていたのです。

現在でも一般人はお酒を自由に作ることは許可されていませんが、この不自由さは平安時代からのものなのです。

法典に定められた日本酒の作り方

延喜式には、次のようにいろいろな種類の日本酒の作り方が記されています。

・御酒（ごしゅ）

蒸米、麹、水を仕込んで10日ほど発酵させます。これを濾《こ》して、その中へ再度蒸米と麹を入れて発酵させます。このようなことを何度も繰り返して作るのが御酒だとされています。このようにして作られた御酒は甘く、天皇に捧げられたり行事の宴会に提供されたりしました。

・醴酒（れいしゅ）

水の代わりに酒を使い、麹の量を多くし、高い温度にしてデンプンを糖分に変えて作られました。このようにして作られる醴酒はとても甘いものでしたが、アルコール度数は高くなかったようです。醴酒は夏に作られ、氷を入れて（ロックで）飲んだそうです。

・御井酒（ごいさけ）

水を極端に少なくして仕込むことで、甘味の強い濃厚なお酒ができました。後宮でよく飲まれたようです。

・三種糟（さんしゅそう）

うるち米、もち米、もちあわの3つを原料として作ったお酒です。麴だけでなく麦芽を使ったのが特徴です。麦芽を使って日本酒を作るというのはきわめて珍しい例です。麦芽を使うことで甘味が生まれたのでしょう。

「延喜式」にはほかにも、発酵を十分に進めてアルコール度数を高めた辛口のお酒、植物の灰を加えて濾して作ったお酒など、いろいろなものが記されています。それほどお酒は当時の人々に大切にされ、多くの人が酒造りに情熱を持って取り組んでいたことが分かります。

もちろん、こういった昔の人々のさまざまな試行錯誤は、現代の日本酒にもつながっています。

にごったお酒は庶民のもの

なお、ここでもうひとつ言及しておきたいものがあります。限られた人々のものだった日本酒とは別の、もうひとつのお酒の話です。

普通、日本酒といえば清酒のことを指します。日本酒は米に麹や水を加えて発酵させて作りますが、このときに米や麹などの固形物が残ります。このような固形物は「もろみ」と呼ばれます。これを濾してもろみを除いたのが、清酒です。

もろみを取り除かないと何になるでしょう？

正解は「どぶろく」です。

どぶろくという白く濁ったお酒を好まれる方もいるかもしれませんが、あれはもろみをそのまま含むものなのです。未発酵の米にデンプンや糖分が含まれるため、清酒に比べてほんのりと甘いという特徴があります。

じつは、どぶろくは、飛鳥時代や奈良時代の頃にはすでに存在していました。というより、自然とどぶろくが飲まれるようになったようです。

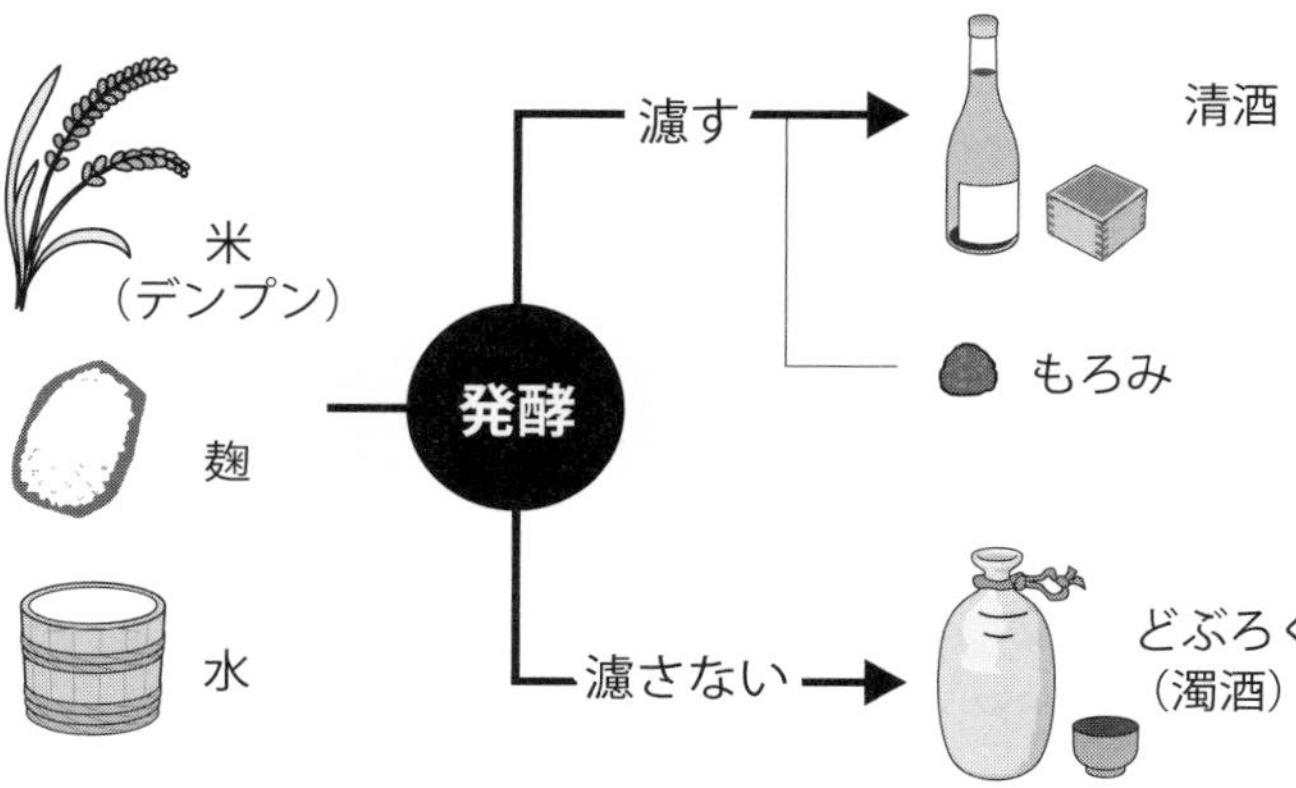

というのは、その頃には米がたいへん貴重で、発酵させた後でも捨てることができなかったのです。庶民はもろみが混ざったドロドロの状態でお酒を飲んでいたのです。

そして、どぶろくは神々に捧げる神聖なものとされました。庶民は、収穫された米を神に捧げるときにどぶろくを作ってお供えしました。そのような形で収穫の感謝を表し、来季の豊穣祈願を行ったのです。

このような風習は現在にも残っていて、豊作を祝うためのどぶろく祭りが、全国各地で行われています。

口の中で日本酒を作れるのはなぜ？

『播磨国風土記』と同時代の記録である『大隅国風土記《おおすみのくにふどき》』（大隅国は現在の鹿児島県のあたり）には「口噛み酒」というものが登場します。映画『君の名は。』に登場したことで話題になりましたが、映画を見て不思議に思った方もいるのではないでしょうか。

口噛み酒は、米と水を一緒に口に入れて噛み、それを容器に吐き戻して作った酒とされます。容器の中で数日寝かせると、酒ができるのです。

なぜ、口に米と水を含んでお酒ができるのでしょう？

唾液にはアミラーゼなどの酵素が含まれており、これのおかげで日本酒を作ることができたのです。唾液に含まれるアミラーゼは、もっとも身近な酵素と言えるでしょう。

また、口噛み酒を作る過程で発生するカビも、発酵を続けると考えられます。日本酒を作るのにカビや酵素といったものが役立てられたことが分かります。

ただし、口噛み酒を作る作業は楽なものではなかったようです。

口噛み酒造りを実際に体験した人は「3分間噛み続けるのも苦痛であり、本を読むなど気を紛らわせなければ続けられない」「さらに続けると、頭に痛みを感じるようになった」と述べています。

また、噛み続けることで歯ぐきが痛くなることもあったようです。酸っぱいものを見て唾液を出して痛みを抑えた、ということもあったのではないかと考えられています。

このようなことが、『大隅国風土記』で書かれた現在の鹿児島県東部以外でも、『君の名は。』の舞台となった飛騨地方や沖縄などでも行われていたと考えられています。地域の人々が集まり、このようなものを作っていたと考えられます。

昔の酒のつまみは何だった？

醍醐天皇はチーズが大好き

ここでちょっと酒のつまみについて触れてみましょう。

日本酒が庶民に普及し始めた平安時代の頃だと、まだおつまみまでは考えられないように思えますが、そうでもなかったようです。

先ほど登場した法典「延喜式」は、醍醐天皇（在位８９７～９３０）の命によって編纂されたものです。「延喜式」にはお酒の作り方が記されていることを紹介しましたが、これには現代でいうチーズの作り方も記されているのです。

チーズの誕生は紀元前３５００年頃と考えられています。動物の乳を飲む習慣はそれより前から西アジアやヨーロッパにあったようで、その後にチーズの製造も始まったようです。

チーズは日本へ、仏教とともに伝来しました。孝徳天皇（在位645〜654年）のときに百済からの帰化人の子孫によって天皇家に献上されたのが始まりとされます。

じつは、醍醐天皇はチーズが大好物だったようなのです。

醍醐天皇

醍醐天皇の「醍醐」は、チーズのことを指しています。大好物を名前にしてしまったのですね。

現在でも「本当の面白さ」や「最高の味わい」のことを「醍醐味」と表現します。これは仏教用語で、牛乳が「乳《にゅう》」「酪《らく》」「生酥《しょうそ》」「熟酥《じゅくそ》」「醍醐」の5段階で発酵するとされるところから来ています。あとの段階になるほど美味しくなることから、最後の「最高の味」が「醍醐味」なのです。

チーズが大好きだった醍醐天皇は、「延喜式」においてチーズの製法だけでなく、酪農家が税金の代わりに献上することも定めました。チーズを味わえたのは天皇をはじめ一部の特権階級の人に限られたようです。

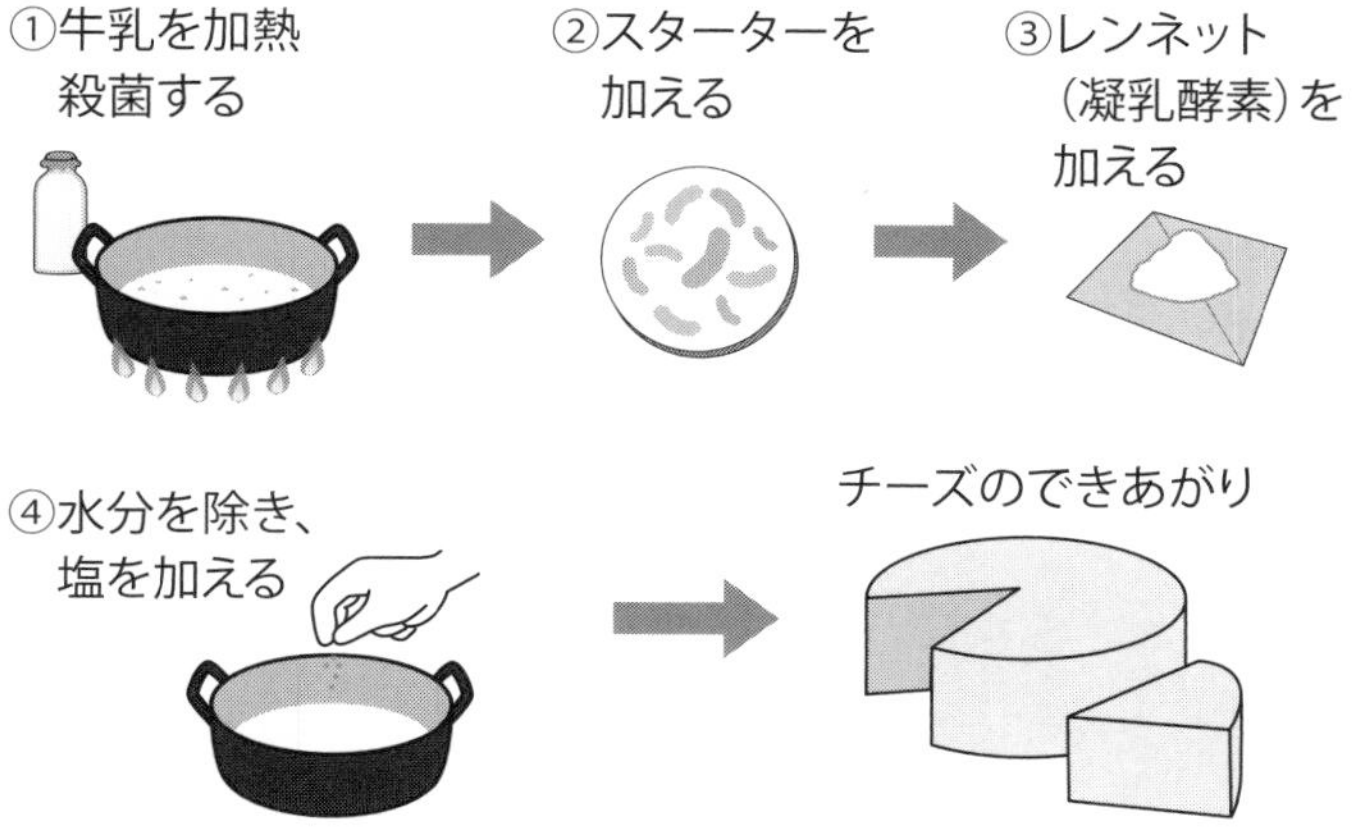
①牛乳を加熱
殺菌する
②スターターを
加える
③レンネット
（凝乳酵素）を
加える
④水分を除き、
塩を加える
チーズのできあがり

当時はチーズをお酒のおつまみとして食していたというわけではなさそうですが、現代のおつまみにつながる食文化がこの頃から育まれていたのは興味深いことに思えます。

チーズと酒の共通点

ここでチーズを取り上げたのは、じつはお酒の作り方と共通点があるからです。

チーズの原料はもちろん牛乳ですが、牛乳を放置しておいてもチーズにはなりません。チーズは、スターターを使い、大まかに上の図のような流れで作られます。

スターターとは、チーズ作りに使われる微生物のことです。

スターターには、乳酸菌やカビが利用されます。お酒を作るのにも、酵母や麹菌といった微生物の力が必要でしたね。これが、酒造りとの共通点です。

乳酸菌には牛乳に含まれるタンパク質を分解するはたらきがあります。それによって、チーズ特有の味や香りのもととなる成分が生まれるのです。また、雑菌の繁殖を防いだり、この後に加えるレンネットのはたらきを助けたりもします。

乳酸菌はもともと牛乳に含まれています。それをそのまま利用することもできますが、現在では牛乳を加熱殺菌してから使うのが一般的です。加熱殺菌の過程で乳酸菌も死んでしまうので、後から加えるのです。

カビにも、牛乳に含まれる脂肪やタンパク質を分解するはたらきがあります。やはり、独特な風味が生まれるのです。

続いて、レンネットというものを加えます。これは「凝乳酵素」と呼ばれ、牛乳のタンパク質を固めるはたらきがあるものです。これを加えることで、固形物としてのチーズとなるのです。レンネットを加えた後は、水分を取り除き、味付けや雑菌防止のための塩を加えてチーズとなります。

レンネットは、子牛や子山羊の第四胃から抽出される酵素です。酵素を使うという点も、お酒造りと共通しています。

紀元前2000年頃の民話には、ラクダに乗った旅人が羊乳を羊の胃袋で作った水筒に入れて持っていたところ、羊乳がチーズになっていたという話が登場します。羊の胃袋にあったレンネットによるものだったのかもしれません。

醍醐天皇に献上されたのも、このようにして作られたものだったのでしょうか？

この頃のものは「蘇《そ》」と呼ばれ、牛乳を煮詰めて固めたものだったようです。

「延喜式」には、「乳大一斗煎得蘇大一升」とあります。牛乳を10分の1の分量になるまで煮詰めればチーズになるということですが、これ以上の資料はないため、詳細ははっきりしません。

日本最古の医術書『医心方』（984年）によると、凝乳や蘇は全身の衰弱を補い、通じを良くし、皮膚をなめらかにしてくれるという効能があると言われていたようです。

本格的なチーズが日本に伝わったのは、明治時代になってからのことでした。

武士はどのくらい酒を飲んでいた？

トラブル続きで禁令を出される

話をお酒に戻します。

僧侶がお酒を作るようになった平安時代、お酒は庶民にとって身近なものになっていきました。鎌倉時代になると、庶民が酒の作り手も担っていくようになります。そしていわゆる「酒屋」が誕生し、お酒は商品として扱われるようになっていったのです。

お酒を飲めるようになったことは、人々に幸福感をもたらしました。しかし、やはりお酒は良いことばかりではありません。

鎌倉時代といえば、武士の時代です。当然、お酒は武士たちにも普及しました。すると、調子に乗って飲みすぎた武士が体調を崩してしまったり、お酒にお金を使いすぎて家計が困窮してしまったり、酔った勢いで殺傷事件を起こす武士まで現れました。

　そのような状況の中で、ついに幕府は1252年に「沽酒禁令《こしゅ》」を公布します。これは、鎌倉市内での酒の販売を規制し、酒壺《つぼ》は一家に一壺までと定めるものでした。「一家に一壺」に規制されたということは、もともとは一家に複数の酒壺があったということですから、当時の人々はかなりお酒を愛していたことが分かります。

　しかしこの禁令により壊された酒壺は3万7000あまりにもなりました。廃棄されたお酒の量は約1万3400〜2万6800リットル（一升瓶約7400〜1万4800本分）（加藤百一著『日本の酒5000年』（技報堂出版刊）の推計による）です。

　これは、原料の米に換算して149〜298トンになります。これは武者1000人の200〜400日分の兵粮米に相当します。これだけの量の米をお酒として消費されてしまうと、人々の日々の食事にも影響が出てしまいかねません。

　人々がお酒を愛しすぎたことと、武士たちの粗暴な振舞い、食糧問題などもあり、制限が加えられてしまったのです。せっかく繁栄した日本酒産業も、これをきっかけに一時停滞することになってしまいました。

　ただ、この禁令の効果が高かったと言えるかどうかは不明です。

『太平記』には、酒に酔った土岐頼遠《ときよりとお》という武将が、光厳《こうごん》上皇が乗る牛車に矢を射かけるという事件が記されています。

土岐頼遠は鎌倉・南北朝時代の「ばさら大名」とも呼ばれた人物で、武士としての実力は確かでしたが、酔って「院（いん）と言うか。犬（いぬ）というか。犬ならば射ておけ」などと上皇に楯突いたのです。

牛車は横転し、上皇は歩いて帰らなければならなかったのですから、当然ただではすみません。頼遠は幕府に捉えられ、斬首されました。

お酒好きは将軍家も同じでした。室町幕府第5代将軍の足利義量《よしかず》は17歳で将軍となりましたが、極度の酒好きで、あまりに飲みすぎるため、父である4代将軍義持が近臣に「酒を飲ませないように」と命じたくらいでしたが、その甲斐なく義量は19歳で没してしまいます。

このような記録を見ると、禁令ひとつで人々がお酒を節制できたとは考えづらいでしょう。

室町幕府は酒のおかげで成り立っていた？

また室町時代には、お酒に関する大きな変化がありました。税金がかけられるようになったことです。

お酒には酒税がかけられています。現代の私たちがお酒を買うときにも、必ず納税しています。

このような仕組みは鎌倉時代からあったようで、酒麹売業者に課税されるようになったのが酒税の始まりと言われています。

酒麹を酒造業者へ売るのが、酒麹売業者です。課税の対象は酒造業者でもよさそうなものですが、どうして酒麹売業者が税金を払わなければならなかったのでしょう？

これには、先ほど登場した沽酒禁令が関係しています。酒の販売に関わるところで課税するとなると、酒の販売規制と矛盾してしまいます。それでも何とか税金を徴収するために、酒麹売業者が目をつけられたというわけです。


ただこのことは、同時に酒税が国にとって重要な財源であるという認識につながっていきました。室町時代になると酒屋にも課税されるようになり、これが幕府にとっての最重要財源となっていきました。酒造業は室町時代の最大の産業であり、莫大な利益を上げていたのです。

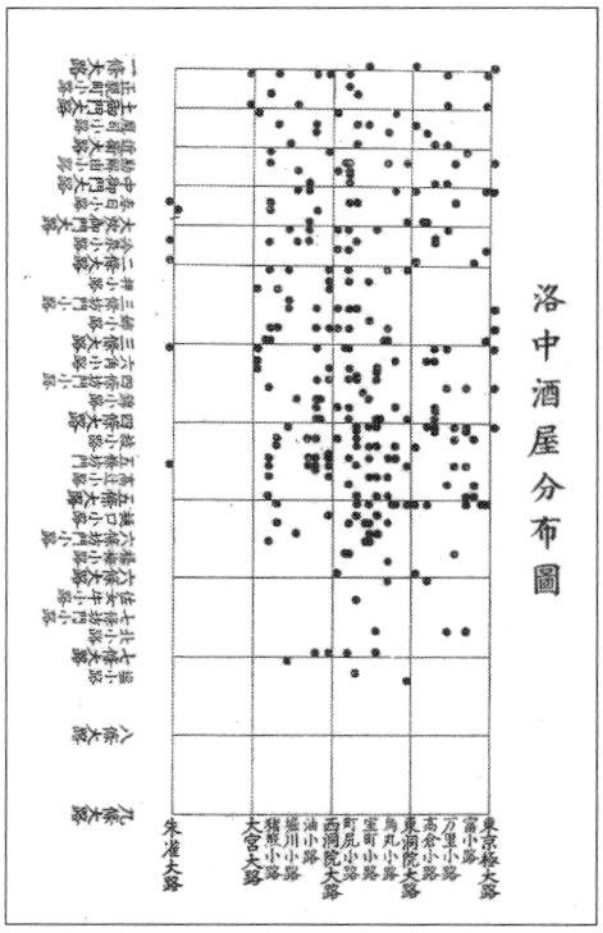

京都で発掘された酒蔵跡の分布図（小野晃嗣著『日本産業発達史の研究』より）

幕府は酒屋からの徴税に注力しました。

その額は、酒壺ひとつに対して２００文でした。当時の１文は現在の価値に換算すると50円ほどとも言われますから、酒屋からの徴税が幕府にとって大きな収入だったことが分かりますね。

そして、室町時代には戦乱で疲弊した財政を立て直すため酒税が重要視されるようになりました。そこで、室町幕府は一転、酒の醸造や販売を奨励し、酒屋を保護するようになりました。これにより、お酒の需要も急増していくことになります。

このような中で特に多くの酒蔵ができたのが、京都です。幕府が鎌倉から京都に移り、全国から年貢米が集まるようになっていたからです。

京都には、３００軒以上の酒蔵ができたそうです。これはすごい数です。現在、酒蔵がもっとも多い都道府県は米どころの新潟県ですが、その数は100に達しません。

現在の京都駅から北へ1キロメートルほどのところでは、南北16メートル×東西14メートルという広大な酒蔵跡が発掘されています。

そこでは、200以上の酒造りに使う甕《かめ》を据え付けるための穴が見つかりました。当時の酒造りの発展ぶりをうかがい知ることができます。

幕府の庇護を受けた酒屋は財力を蓄え、「土倉《どそう》」という名の金融業にも手を出すようになります。それらは「土倉酒屋」と呼ばれました。

幕府は、土倉に対しても税を課しました。幕府は税収を増やすことができ、酒屋は金融業でも儲けることができる、といったｗｉｎ-ｗｉｎの関係が築かれていったのです。

室町時代の酒造技術はヨーロッパより先行していた

室町時代には、酒造りの技術も目覚ましい発展を遂げました。

奈良の興福寺の僧侶たちが記した日記である『多聞院日記』には、この時代に、のちに一般的になる三段仕込みの原型となる手法が取り入れられていたことが記されています。

日本酒は蒸米に麹や酵母を加えて発酵させて作ることを説明しましたが、これを一気に行うと酵母の増殖が間に合わなくなってしまいます。日本酒造りにおいて、酵母は酸性を保って雑菌の繁殖を抑える役割も担っているのですが、それが追いつかなくなるのです。

そこで、雑菌の繁殖を抑えるために何回かに分けて発酵させる必要があります。これを3回に分けて行うのが一般的で、「三段仕込み」と呼ばれます。

そして、『多聞院日記』には「火入れ」が行われていたとも記されています。これも現代でも行われていることで、日本酒を低温殺菌することです。日本酒をお湯につけて間接的に加熱します。

火入れには、殺菌により保存期間を長くする役割があります。また、酵素のはたらきを止める目的もあります。お酒の中に酵素が残っていると、発酵が続きます。「いまが一番美味しいタイミングだ」という状態のままで飲めるよう、酵素のはたらきを止めているのです。

じつは、低温殺菌は、腐りやすいワインの貯蔵管理に苦労していたヨーロッパでも利用されました。発見したのはワクチンを開発したことで有名なフランスの細菌学者パスツールで

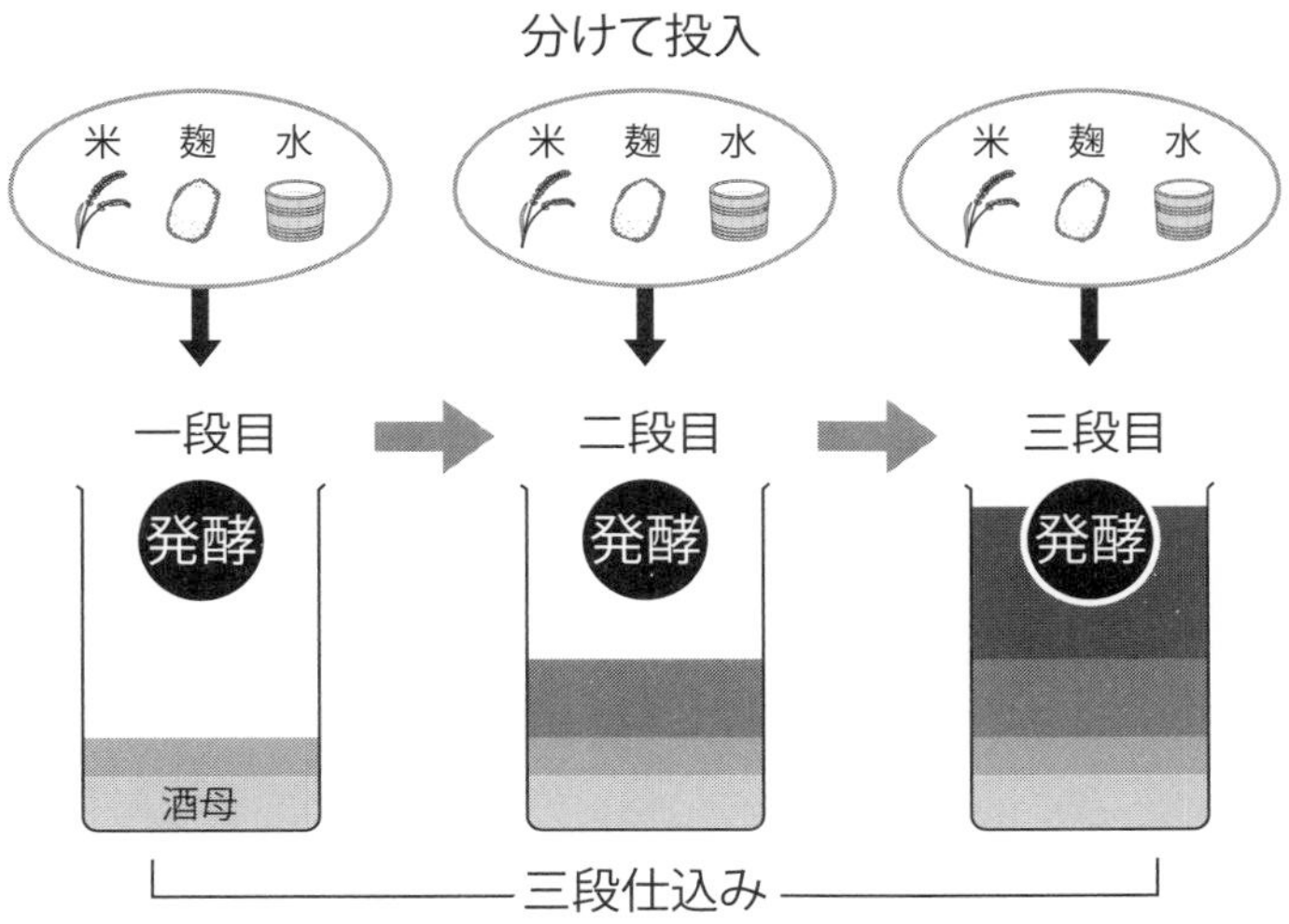

す。1865年のことでした。
その手法が、それより300年ほど前の日本ですでに行われていたのです。微生物に関する知識など持たなかったであろう日本の先人たちが、創意工夫の末にこのような方法を発見していたことは驚きです。
『多聞院日記』には、容積が1800リットル（一升瓶1000本分）にも及ぶ仕込み用の桶が開発されたことも記されています。当時の酒造りの発展ぶりが分かりますね。

戦国時代は酒も群雄割拠だった？

勢力争いのあおりが酒にも及ぶ

京都を中心に栄えた酒屋ですが、その後は全国各地の酒蔵が台頭するようになります。その地域独自のブランドである「地酒」が誕生していったのです。

これには、織田信長が制定した「楽市楽座」の制度が大きく影響しています。自由な商売が奨励され、商品が全国に流通するようになったのです。

そのような中で、各地で造られたお酒が全国の多くの人に知られるようになりました。各地の地酒は京都にも進出し、京都の酒屋と競われるようになります。まさに、酒の群雄割拠といったところです。

当時の地酒の代表として「加賀の菊酒」が挙げられます。産地については諸説ありますが、現在の石川県の手取川《てどりがわ》の水を使ったとも言われます。手取川には多様な菊が群生しており、そのしたたりを受けた菊水は不老長寿のもととされました。

また、「博多の練貫酒《ねりぬきざけ》」というのもありました。もち米で仕込み、石臼ですりつぶすという特徴的な製法を用いたもので、かなり甘口で、京の貴族に珍重され、大名にも評判だったようです。


さて、信長の楽市楽座は僧坊酒にも大きな影響を与えました。信長は、当時権力を強めていた寺社勢力の弱体化を図りました。その最たる例が、比叡山に対するものです。

当時の比叡山では、僧侶の堕落が著しかったと言われます。禁じられている肉食をしたり、女性を連れ込んだりしていました。また、琵琶湖周辺に関所を設けて通行料を徴収していました。楽市楽座では、流通促進のため関所も通行料も廃止されました。これが、比叡山にとって痛手となったのです。

そして、信長は比叡山延暦寺の焼き討ちを行います。この事件に象徴されるように、寺社勢力は衰退の一途をたどり、僧坊酒も廃れていくことになります。

なお信長本人はどうだったかというと、他人に飲酒を強要することはあっても、本人はお酒を飲まず、節制した食生活をしていたということです。宣教師ルイス・フロイスの記録によるものですが、フロイスは「日本人は酒量をコントロールすることができない」とも書き残しているので、飲み過ぎで体調を崩す人は多かったのでしょう。

蒸留酒の伝来

さて、ここまでは日本酒という醸造酒の話でしたが、この頃には新しいお酒も登場します。焼酎・ウイスキー・ウォッカ・泡盛などのアルコール度数の高いお酒で、なかでも焼酎が中心になります。こういったお酒は、蒸留という操作によって造られているため「蒸留酒」と呼ばれます。

蒸留の技術は、紀元前3500年頃にメソポタミアで生まれたと言われています。ただし、お酒を作るためではなく、香水を作ったり、船乗りの飲料水を作る手段として使われていたようです。それが、長い歴史の中で蒸留はアルコール度数の高いお酒を作るのにも使われるようになりました。

日本に初めて伝わった蒸留酒は焼酎で、13世紀初めに李氏朝鮮からの貢ぎ物として伝来しました。

また、琉球（現在の沖縄）を経由して伝えられたものもあります。琉球は15世紀初めから南蛮との交易を行っており、蒸留酒も伝来したようです。それがその後薩摩（現在の鹿児島）へと渡り、日本全国へ伝わっていったのです。

鹿児島では現在も焼酎造りがさかんですが、昔と今とではかなり味に違いがあるようです。現在は米麹とさつまいもを1：5の重量比で加えて発酵させるのですが、昔は米が貴重だったため、米麹の割合がずっと少なく、そのためにかなり芋くさいものだったようです。またアルコール度数は20程度と、現在の30程度のものと比べて低いものでした。

焼酎好きの人物としては、真田信繁がいます。

豊臣方の武将として、大坂冬の陣の前に当時不遇をかこっていた信繁が知人にあてて、「焼酎を送ってほしい」と書いた手紙が残されているのです。

「壺をふたつ送るので、これに焼酎をほしい。他にもあるなら、もっとほしい」という旨の追伸も書いているので、手間がかかる分高価だった焼酎は、信繁にとって手に入りづらいものだったのかもしれませんが、何度も送付を依頼するほど必要なものだったのでしょう。

強いお酒が生まれたのは錬金術師のおかげ？

蒸留酒を作るために行う「蒸留」は、簡単に言うと次のような工程で作られます。発酵によって作られたお酒にはエタノールというアルコールが含まれていますが、当然水分もあります。これを「水とエタノールの混合物」と単純化して考えてみます。

水は通常の大気圧が1気圧（海抜0メートルの標準的な大気圧）のときには、１００℃で沸騰します。それに対して、エタノールは78℃で沸騰します。よって、水とエタノールの混合物を加熱して高温にしていくと、エタノールの方が先に沸点に達し、どんどん蒸気になっていきます。

このとき、左の図のような装置を使って発生した蒸気を冷やして液体に戻すようにします。こうして得られる液体では、元の液体よりエタノールの濃度が高くなっているはずです。冷やされる前の蒸気にはエタノールが多く含まれているからです。

以上が蒸留の仕組みです。つまり、作られたお酒を蒸留することでアルコール濃度を高めるのです。

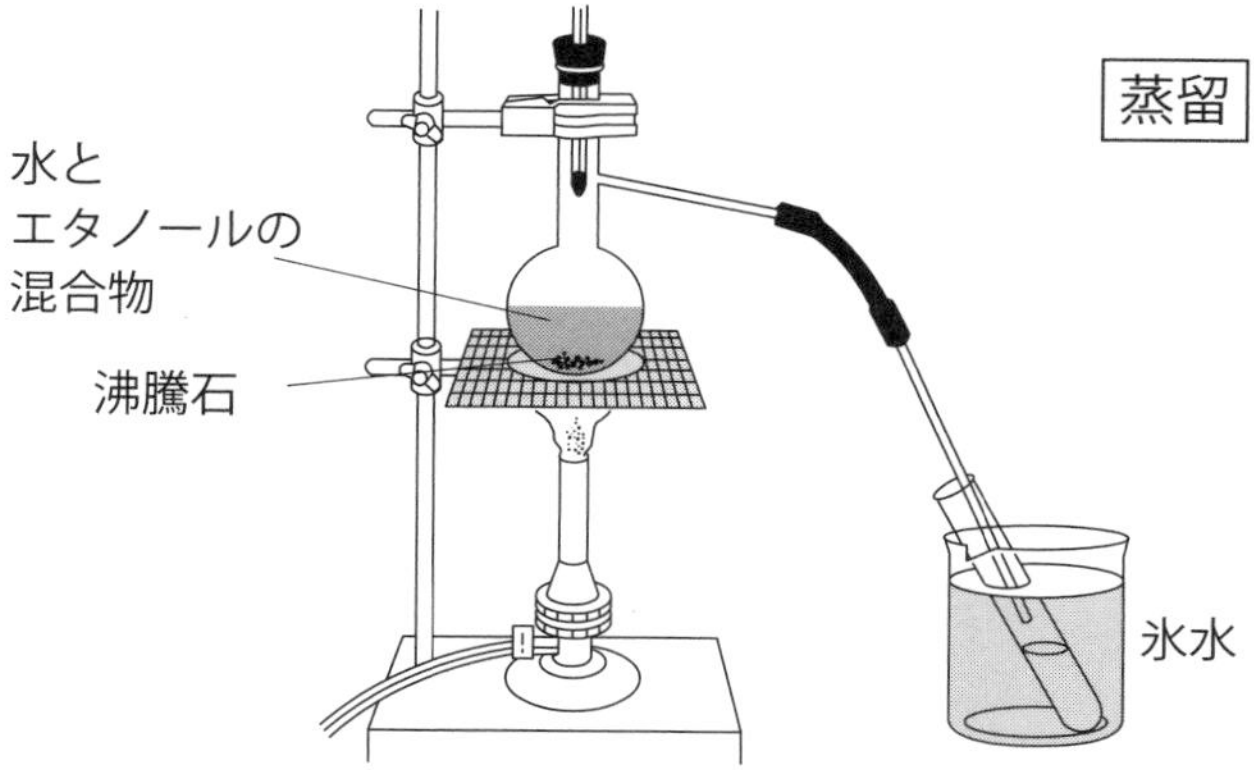

蒸留は紀元前３５００年という大昔から行われてきました。

特に蒸留器を重宝したのは、錬金術師たちだと言われます。

錬金術師は、不老不死を実現する「賢者の石」という魔法のアイテムを求めました。蒸留はその賢者の石を生み出すためのひとつの手段とされたのです。

もちろん賢者の石はいまだ誕生していませんが、蒸留によってさまざまな発見がもたらされました。蒸留酒も、そのような中で生まれたものなのかもしれません。

錬金術師は西洋史の中の存在で、日本とはあまり関係がないようにも思えますが、じつはお酒という馴染み深いものでつながっているのです。

蒸留器の独自の発展

蒸留酒が日本に伝わるとともに、蒸留器も伝来しました。日本に伝わったのは、中国や東南アジアなどで使われていた「兜釜式蒸留器《かぶとがま》」というものです。これが、日本の蒸留酒造りでも使われるようになりました。

木桶の下側にある鉄鍋には、米や麹などの固形物「もろみ」を入れます。もろみにはアルコールなどの成分が含まれていますので、焚火で熱すると蒸気が発生します。そして、木桶の上側の鉄鍋には水を入れて、蒸気を冷やします。

冷やされた蒸気は液体に戻り、鉄鍋を伝って鉄鍋の下に置かれた漏斗《ろうと》を通過し、筒を伝って外部の容器に集められます。

兜釜式蒸留器

これに対して、薩摩やそれより南側の諸島（奄美諸島など）では、ツブロ式蒸留器というものが使われていた

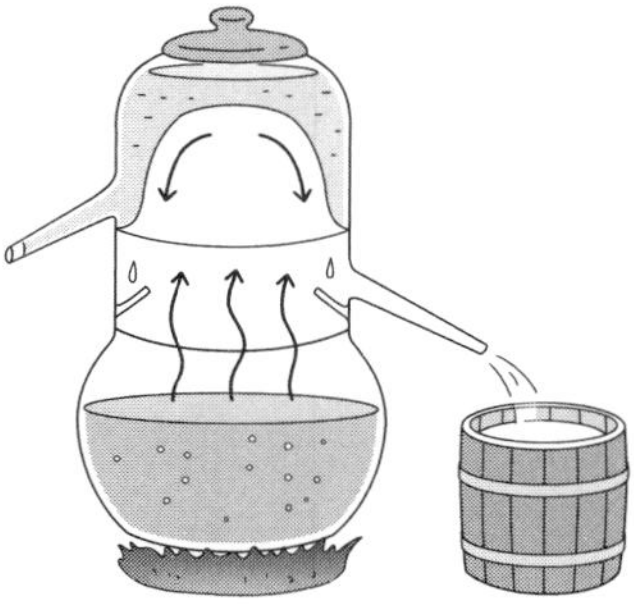

らんびき

ツブロ式蒸留器

そうです。

この場合もやはり、焚火でもろみを加熱して蒸気を発生させます。

蒸気は、ツブロという装置に入ります。ツブロの周りには木桶に入れられた水があるため、蒸気が冷やされて液化し、外部の容器に集められるという仕組みです。

このようなものは世界でも例がなく、どのようにして誕生したのかはよく分かっていないようです。

江戸時代に入ると、より小型の陶器製の蒸留器が使われるようになっていきます。上図のようなものです。

これは、錬金術師たちが使っていた蒸留器「アランビック」にちなんで「らんびき」と名づけられました。

やはり、最下段にもろみを入れて加熱し、最上部に入れた冷水によって蒸気を冷やして液体に戻して集めます。

小型化したため蒸留酒の大量生産は難しくなりましたが、高い精度で蒸留が行えるようになりました。そして、蒸留酒造りだけでなく医薬品・香料・植物油などの精製にも役立てられるようになったのです。

江戸時代の人はどんな酒を飲んでいた？

日本酒造りの方法の完成

江戸時代になると、江戸はお酒の一大消費地となります。

「居酒屋」文化が広がったのも江戸時代です。もともと酒を売るだけだった酒屋が、「この場ですぐに飲みたい」という人のために、店に居ながら酒を飲めるようにしたのが始まりとされます。

やがて居酒屋は早朝から酒と料理を提供するようになり、多くの人が集いました。酒や料理を楽しむだけでなく、情報交換の場ともなったのです。

庶民のものとなったお酒は、さまざまな形で消費されます。歌舞伎や相撲を見物しながら飲んだり、花見や花火見物で飲んだり、中には血を吐くまで酒の飲み比べ合戦をした人もいたようです。そして、現代の日本酒造りの形もこの時期にほぼ完成することとなります。

日本酒造りの流れ

ここで、現在行われている日本酒造りの流れを整理しておきましょう。この流れに沿って、江戸時代に日本酒造りのどのような技術が発展したのか見てみましょう。江戸時代には、少しでも労力を減らして酒造りをするための工夫がたくさん生まれています。

日本酒の原料となる米は、精米してから使われます。米の表面にはタンパク質や脂質など、酒の雑味につながる成分が多くあります。これを精米して取り除くことで雑味を減らし、香りのよいお酒を造ることができるのです。

食用米でも精米が行われますが、一般的に酒米はより多くの部分を削って精米されます。

ただし、あえて精米の度合いを減らして造られる日本酒もあります。そうすることで、個性のある日本酒を造れるのです。

精米は、精米機を使って行われます。精米機では、米に圧力を加えたり米をロールに沿って回転させたりして、米どうしを擦り合わせます。そうして表面の部分が削られていくのです。


さて、精米が行われるようになったのは江戸時代のことのようです。もちろん当時は精米機などありませんでした。人の力で精米するのは難しいことですが、どのように工夫したのでしょう?

江戸時代には、足踏み式の精米が行われていました。

杵《きね》でもみをつくと、もみどうしが擦れあってもみがらが取れていき、玄米になります。玄米をさらにつけば、皮がむけて精米されていくわけです。

最初は手作業でこのようなことを行ったようですが、たいへんな重労働であることから足踏み式が誕生したと考えられます。

江戸時代中期になると、水車の力を利用する方法も登場します。水車が回転する力を、杵の上下運動に変換していたのです。現代ではモーターの回転を機械のピストン運動に変換する装置がいろいろなところで利用されていますが、当時もそのような知恵が活用されていたのですね。

精米をしたあと、いよいよ仕込みが始まります。

現代では三段仕込みが一般的ですが、この手法が定着したのも江戸時代と言われます。また、殺菌のための火入れといった手順も江戸時代に一般化したようです。そして、透明なお酒（清酒）が一般の人々に普及するようになったのです。

江戸時代には、杜氏制度も確立しました。日本酒造りの現場を取り仕切る責任者「杜氏《とうじ》」は、この時代に生まれたのです。

江戸時代には、飢饉に備えた米の備蓄が行われました。お酒造りは、余った米を使用することで認められ、冬場にだけ行われました。これを「寒造り」と言います。

冬場は、ちょうど農家が閑散期を迎える時期です。そこで、農家の働き手が冬の間だけ酒蔵に住み込んで酒造りに励んだのです。彼らが日本の酒造りを支えることになります。

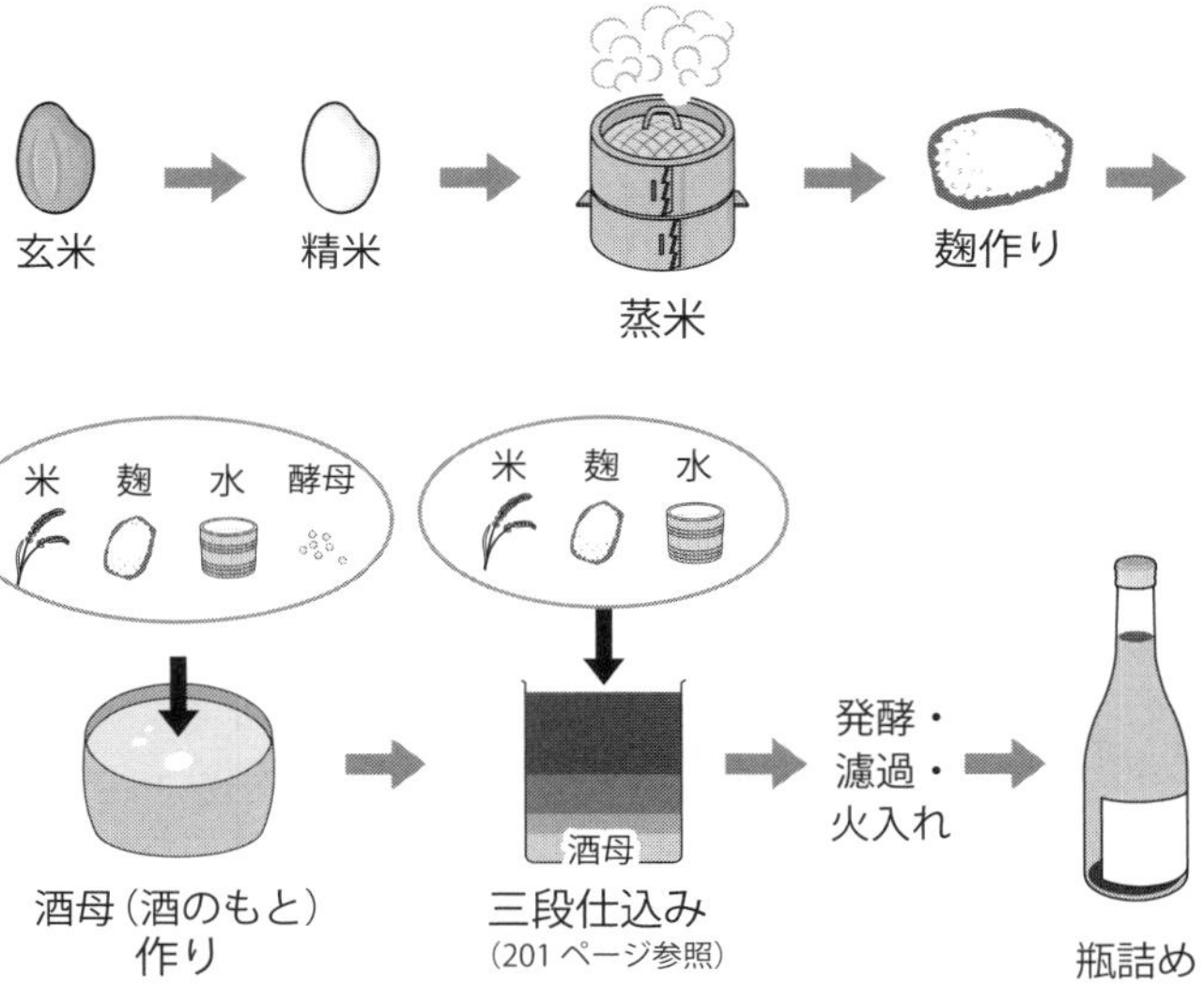
玄米
精米
蒸米
麹作り
米
麹
水
酵母
米
麹
水
酒母
酒母（酒のもと）
作り
三段仕込み
（201ページ参照）
発酵・
濾過・
火入れ
瓶詰め

①精米
②洗米
③蒸米
④圧搾
杜氏

（『摂津名所図会』より）

「くだらない」は価値のないお酒のこと

酒造りの技術が確立された江戸時代ですが、その中心舞台は上方(京都や大阪地方)でした。安土桃山時代までは、日本の経済活動は上方に一極集中していたのです。清酒が生産されるのも上方で、江戸近辺で造られるのは濁ったお酒でした。

そこで、上方で作られた清酒が江戸へも送られるようになりました。樽詰めされた酒が運ばれた航路は「樽廻船」と呼ばれたことは、船の章で触れた通りです。

上方から江戸へ運ばれたお酒は「下り酒」と呼ばれ、品質の高いものでした。特に、兵庫の伊丹で作られた「伊丹酒」は江戸で評判となり、大量に運ばれました。

「剣菱」という伊丹酒は、将軍吉宗の御膳酒に指定されるほどでした。剣菱は、江戸では庶民も口にしていた酒です。この時代には、質の高い酒が普及していたことが分かります。

一方、その価値が認められず江戸へ送られることのないものもありました。これは江戸へ「下らない」酒であり、これが「価値がない」ことを「くだらない」と言うようになった語源だとされています。

日本人はいつからビールを飲み始めた？

ビールがやってきた

ところで、現代を生きる私たちにとって一番身近なビールが、ここまでまだ登場していないことに気づいている人もいると思います。それはなぜなら、ビールは幕末期にようやく渡来したからです。

１８５３年に来航したペリーは、江戸の私邸でビールを試醸したと言われています。これが日本でのビール醸造の起源とされます。

１８７０年には、アメリカ人コープランドが「スプリング・バレー・ブルワリー」を創設してビール醸造を開始し、居留外国人向けに販売します。そして1872年に渋谷庄三郎が日本人として初めてビールの醸造・販売を本格的に開始し、日本のビール産業が発展していくことになります。

さらに欧米からのビールの輸入も行われるようになりました。これが、日本人のお酒の選択肢を大きく広げていきます。

ビールは多くの日本人に好まれ、国産ビールも誕生していきます。「サッポロビール」「キリンビール」「アサヒビール」など現在のビールメーカー大手の多くも、明治時代に誕生しました。

ビール作りは日本にとっては新しい技術でしたが、その基本的な仕組みは古代から受け継がれてきた日本酒の作り方と変わりません。

ビールの原料には大麦が使われます。これを発芽させて「麦芽」にします。大麦が発芽することで酵素がはたらくようになるからです。

日本酒の原料である米と同じく、ビールの原料である大麦には糖分は含まれていません。含まれるのはやはりデンプンです。そのため、これを糖分に変える酵素が必要なのです。大

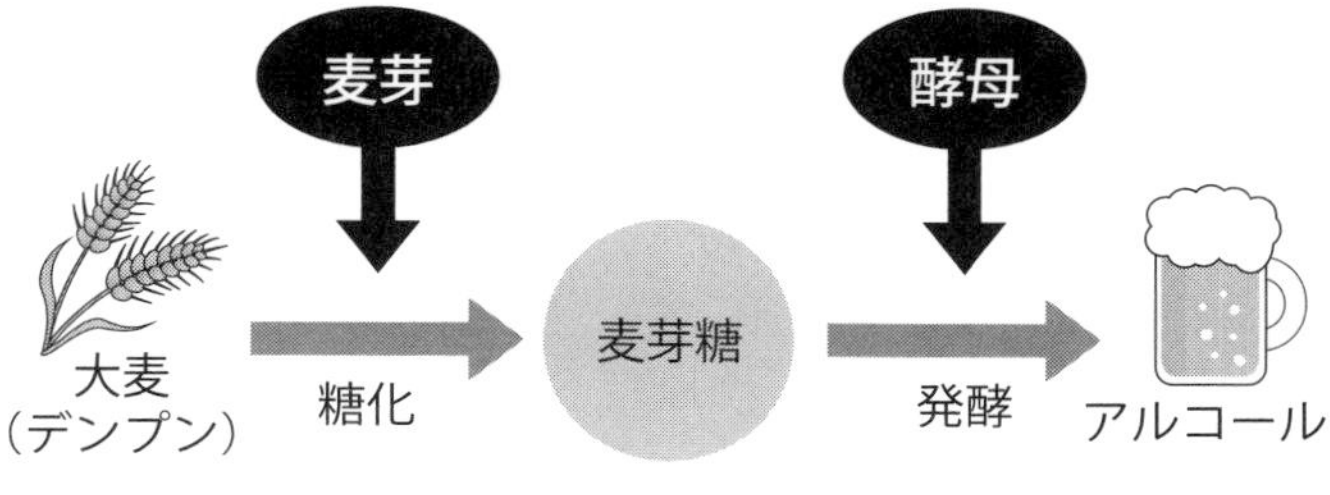

麦が発芽すると、酵素がはたらくようになりブドウ糖や麦芽糖という糖分が生成されていくのです。そして、酵母を加えることで発酵が起こります。

なお、ビール造りでは独特の香りや苦味が生まれるなどの理由から、ホップも加えられます。

日本酒はどうなった？

時代とともに庶民に普及していったお酒ですが、その保管は樽で行われました。

祭礼の際には樽から汲《く》んで皆で飲み、酒屋へ買いに行くときには徳利を持って樽から汲んでもらいました。このような流通形態は、あまり便利とは言えません。

現在では、お酒は瓶や缶、紙パックなどに入れられた形で流通しています。その中で瓶詰めされたお酒が売られるようになったのは、明治時代のことなのです。この形が普及したことで、人々はお酒を買いやすくなり、また各地のお酒（地酒）が全国に普及することになります。

お酒を瓶で売ることには、意外なメリットがありました。酒屋の不正を防ぐというものです。

樽から汲んで量《はか》り売りをしていた頃には、水を足すという不正を行う酒屋も少なくなかったようです。そこで、明治時代に生まれたのが一升瓶です。一升（１８００ミリリットル）の日本酒を密閉し、酒屋が開封できないようにして売ることで不正を防ごうとしたのです。

ビールが普及する中でも、日本人は日本酒を愛し続けました。それは、日本酒が長い日本の歴史の中で息づいてきたからでしょう。

5章 染色

なぜ紫は特別な色なのか？

権力を示すために使われた色

私たちは、日々さまざまな色に囲まれて生活しています。季節ごとに山の色は変わり、街の景色も変わります。私たちの着る服も、シーズンごとに流行の色が変わり、あたりを見回せば、見つけられない色はないというくらいかもしれません。

これらの色を作り出すために利用されているのが染色の技術です。染色技術のおかげで、私たちは好みの色の服を簡単に手に入れることができます。

現代でこそ当たり前のことですが、じつはこの「気軽に自分の好きな色を身につけられる」ということは、かつては多くの人にとって許されていませんでした。色が権力の象徴として利用された時代もあったのです。

なかでも位が高かったのが紫色です。

紫草の花と根

603年に聖徳太子らが制定した「冠位十二階」では、朝廷に出仕する人々が12の階級に分けられ、それぞれの階級ごとに決まった色の冠を身につけることが定められました。

その中で最高位とされたのは濃い紫色で、その次は淡い紫色です。

なぜ紫色は特別な色として扱われたのでしょう？

冠位十二階が制定された頃には、紫色の染料は紫根《しこん》から得ていたようです。

紫根とは紫草《むらさき》という植物の根っこのことです。夏には白い花を咲かせる植物なのですが、根は黒みがかっています。この中に、紫色の色素が含まれているのです。

工程としては、まず紫色の根を土から抜き出して洗い、乾燥させてから細かく砕きます。これを水に浸《ひた》して色素を抽出するのです。そして、その中に織物を入れて染色します。

染色の工程

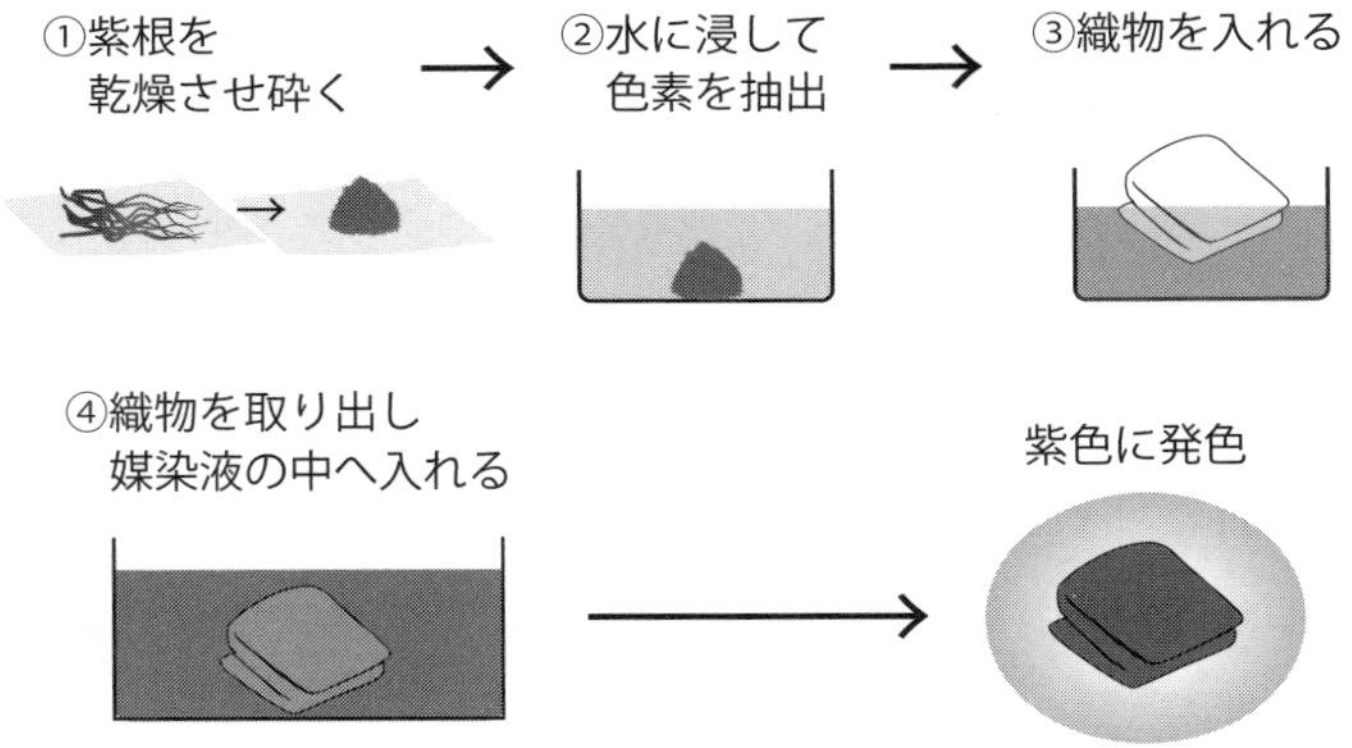
①紫根を
乾燥させ砕く
②水に浸して
色素を抽出
③織物を入れる
④織物を取り出し
媒染液の中へ入れる
紫色に発色

ただし、これだけでは織物が紫色に染まりません。色素に浸《つ》けた織物をいったん取り出し、媒染液の中へ入れると紫色に発色するのです。紫色に染めるのには、何段階もの作業が必要なのです。

媒染液は、色素を繊維へ定着させるはたらきをするものです。この場合は、椿の枝を燃やした灰汁《あく》を薄めたものを使います。椿の灰汁には、アルミニウムの化合物が含まれていて、これが紫根に含まれていた色素を繊維へ定着させ、紫色に発色させるはたらきを持っているのです。

紫根を用いて紫色に染色する工程は、たいへん手間がかかるものだと分かりますね。

そのため、紫色が高貴な色とされ、特別な階級の人にしか着用が許されなかったのです。

また、紫根は皮膚病の治療、解熱や解毒の作用を持ちます。
そして、現在でも紫根を使った「紫雲膏《しうんこう》」という軟膏が使われています。

聖徳太子以前から紫は貴重な色だった

聖徳太子の時代に紫は高貴な色だったと書きましたが、じつはそれよりもっと昔から、紫は高貴な色でした。

というのも、吉野ケ里遺跡から、「貝紫色」に染められた絹糸が見つかっています。

貝紫色とは赤みがかった紫色で、アカニシ貝から得た染料によって染色されたものであることが分かっていますが、冠位十二階の時代よりずっと前のものです。

アカニシ貝

貝紫色の染料は、巻貝の内臓から得られます。巻貝は、獲物を襲うときに相手に毒物を打ち込んで麻痺させます。毒物は内臓に含まれていて、ここから色素を抽出することができるのです。

ただし、1つの巻貝から取れる染料はごくわずかです。貝の大きさにもよりますが、およそ1000個ほどの巻貝からやっと染料を1グラム得られるほどです。そして、染色には繊維の10分の1ほどの重量の染料が必要とされます。

仮に1キログラムの着物を染めるとすると、染料100グラムが必要で、使われる巻貝の数は10万個という計算になります。染色に十分な量の貝紫の染料を得ることは容易ではないことが分かると思います。そのため、特別なものにしか用いられなかったのです。

この染色では、最後は日光（紫外線）の力を借ります。貝から得た染料に浸け込んだ布に日光を当てると、発色するのです。

人間の力だけでなく自然の力も必要になるのですね。

なお、貝紫による染色はヨーロッパにおいても古代から行われていました。「ロイヤル・パープル」と呼ばれ、貝紫で染められたものを着用できるのはやはり限られた身分の人だけでした。

このように、紫はたいへんな手間のかかる色だったため貴重なものとなり、高貴な人のみに許された色となっていったと考えられます。

無数の巻貝を潰してようやくわずかな染料を得ていた時代に比べれば、聖徳太子の時代に行われていた紫根を用いた技術は、いくぶん手間が減ったと言えますが、それでも手間暇がかかることには変わりありません。

紫色はその後も高貴な色として扱われていきます。757年に定められた「養老律令」という衣服令においても、紫色は最上位に君臨しました。

優美な貴族文化が栄えた平安時代には、紫色は多くの人に愛されました。かの紫式部の『源氏物語』には紫色の衣服をまとった人が多く登場し、「紫の物語」と呼ばれることもあります。

染色から生まれた日本の文化

紫と同じ、草の根から染色する方法としては、「茜染《あかね》め」があります。

岩手県が発祥で、飛鳥時代や奈良時代から利用されている、日本で誕生した染色法です。

茜は、中国、朝鮮半島、台湾、日本といったエリアに分布する植物で、茜の根を細かく切って煮込みます。すると、根に含まれるアリザリンという成分が溶け出します。これが、染料となる物質です。

アリザリンは無色の物質なのですが、酸化されるとブラジレインという赤色の物質に変化します。煮汁に浸け込まれた布は、ブラジレインによって赤色に染まるのです。色の濃さは、浸け込む回数によっても調整できますが、日光に晒《さら》しながら染色するとより濃く染まります。日光のはたらきによって、アリザリンの酸化反応が促進されるためです。

日本の和歌には、「茜さす」という枕詞が使われています。有名なものには、『万葉集』で額田王《ぬかたのおおきみ》が詠んだという和歌があります。

茜さす 紫野行き 標野行き 野守は見ずや 君が袖振る

茜の根は紫根と同様、古くから薬草として用いられてきました。茜の根には、浄血、解毒、滋養強壮といったはたらきがあると言われます。茜の根を薬草とするだけでなく、茜染めされたものを身につけることでも効果があると期待され、特に赤子の産着や妊婦の腹巻として利用されました。

このように、色は権力構造だけでなく、庶民の生活にも大きな影響を与えてきたと言えます。

引かれ合う分子が色を繊維に定着させる

それにしても、そもそもの話、どうして布に色がつくのでしょう？　染めたときに色がつくのは分かりますが、それだけだと洗えば簡単に落ちてしまいそうです。何度洗っても色が落ちないのは、どうしてでしょう？

染料は、目に見えない小さな「分子」が集まってできています。そして、分子は他の分子と結合する力を持っています。ひとつの分子の中でプラスとマイナスの電気は均等に分布しておらず、それぞれ偏在しているからです。

例えば①のような分子があるとすると、この分子は右側がプラスに、左側がマイナスに偏《かたよ》っています。分子の中にはマイナスの電気を持つ「電子」という粒があり、これが分子の中を動き回ることでこのようなプラスとマイナスの分布の偏りが生じるのです。

①

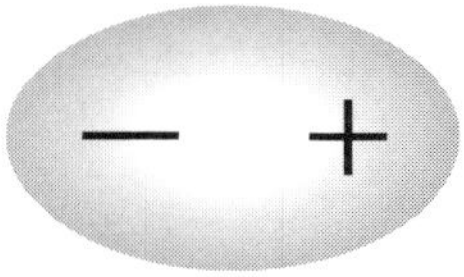

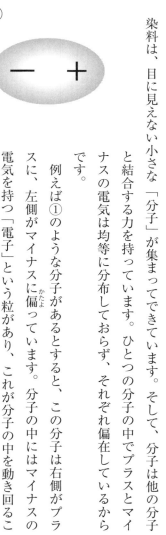

①のような分子が2つあると、②のように並ぶことになります。そして、プラスとマイナスの引力によって互いにひきつけあうことになるのです。

このような引力が、染料の分子と布の分子（繊維）との間にも生じます。染料と繊維が固く結びつくため、洗濯や摩耗にも耐えられるのです。

逆に言えば、長く耐えられる引力が繊維との間にはたらくような物質が、染料として適しているということです。

②

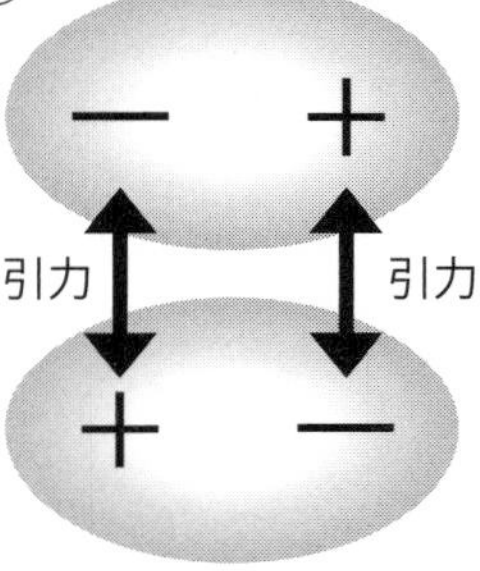

染料を繊維に定着させるために、媒染剤が使われることもあります。例えば、草木染めではミョウバン、鉄媒剤、錫《すず》媒剤などの媒染剤が使われます。

天然色素の多くは水に溶けやすいという特徴を持っています。そのままでは、染めた後に水洗いすると簡単に色が落ちてしまうことになります。そこで、天然色素を媒染剤と反応させるのです。

媒染剤には金属イオンが含まれており、天然色素は金属イオンとレーキ化という反応を起

こします。これは、水に溶けにくい物質に変化する現象です。
こうすることで、色落ちしない染色を行うことができるのです。

色はなぜ色として見えるのか

同じ草木を使って染色する場合でも、媒染剤の種類によって色が変わります。

例えば、玉ねぎで草木染めをするときには、ミョウバン媒染だと黄色に、鉄媒染だと黒色に染まるのです。

この原因は、媒染剤に含まれる金属イオンの種類の違いにあります。金属イオンには、いろいろな種類があります。そして、それぞれ決まった色の光を吸収します。金属イオンの種類によって、吸収する光の色が異なるのです。

吸収されない光は反射されます。染色されたもの自体は、吸収されず反射された光の色に見えることになります。媒染剤に含まれる金

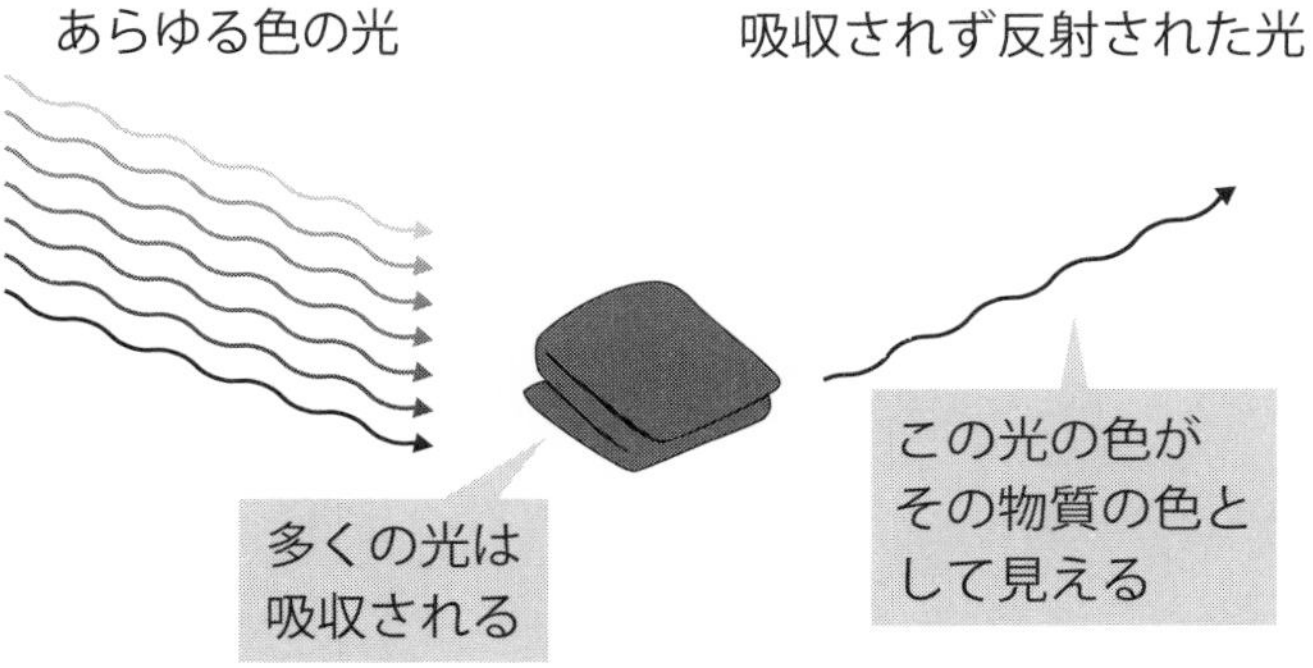

属イオンの種類が異なれば吸収される光の色が異なり、違った色に見えることになるのです。

もちろん、このようなプロセスを古代の人々や平安時代の人々が知っていたはずはありません。しかし、経験を積み重ね、技法を進化させたのでしょう。

天皇のみに許された禁色「黄櫨染」とはどんな色？

盛夏の太陽の輝きを表した色

権力を示す色として紫とともに挙げられるのが、天皇ただ一人に許された「黄櫨染《こうろぜん》」です。黄櫨染は植物の櫨《はぜ》、蘇芳《すおう》、紫根を調合した染物で、暗い赤みの黄色をしたものです。櫨は赤みのある黄色、蘇芳は暗みをおびた赤色、紫根は前述の通り紫色への染色に使用されるもので、これらを合わせることにより、複雑な色の表現に成功しています。

その色は、「盛夏の太陽の輝きを表した」と表現されます。中国から日本へ伝来し、天皇が身につける束帯の袍《ほう》（上着）を染色したもので、「禁色《きんじき》」とも呼ばれました。

黄櫨染には光を当てると色彩が変化するという不思議な特徴があります。

これは、鉱物のアレキサンドライトに似ています。アレキサンドライトは、日中の太陽光や蛍光灯の光が当たると緑色に輝きますが、ろうそくや白熱灯のもとでは赤色に輝くという変わった宝石です。

アレキサンドライトには、緑色の光と赤色の光をほとんど同じ割合で反射するという性質があります。日中の太陽光や蛍光灯の光には、赤色に比べて緑色の光が多く含まれています。そのため、これを反射して緑色に輝くのです。それに対して、赤色の光を多く含むろうそくや白熱灯の光を当てたときには、赤色に輝くことになります。

黄櫨染の特徴はアレキサンドライトに似ています。光を利用して色彩を変化させる布地からは、高度な技術がうかがえます。

ただし、黄櫨染の特徴がどのような仕組みから生まれているのかは、はっきりしていません。工程についても謎が多く、現在も研究の対象になっています。

「ジャパンブルー」はどのようにして生まれた？

奈良の大仏と人々をつないだ藍色のひも

ここまでは、特別な人たちの特別な色について書いてきましたが、色は高貴な人たちのためだけのものではありません。ここでは、一般の人々に愛された色について見てみたいと思います。

庶民に広く親しまれたのは、藍色でした。

藍染めの発祥はインドとされ、藍染めに使われる染料「インディゴ」には「インドから来たもの」という意味があります。エジプトで発掘された約5000年前のミイラに藍で染められた布が巻きつけられていたことからも、相当昔から藍染めが行われていたことが分かります。

藍染めが日本に伝わったのは飛鳥時代から奈良時代の頃だとされています。法隆寺や正倉院には、藍染めされたものが多く保存されています。

その中に、「縹縷《はなだのる》」というものがあります。縷とはよりのかかった長いひものことです。縹縷は藍染めされた長さ200メートルにも及ぶひものことです。

これは752年の大仏開眼供養会で使われました。大仏を開眼する筆にこのひもを結び、参列者がひもに手を添えて開眼を祝ったそうです。

その後も藍染めは広がり、庶民の生活に深く浸透していきます。

歴史の教科書で触れられることはあまりありませんが、日本史にとって重要な要素である藍色について見ていきましょう。

緑の葉から藍色が生まれるわけ

藍色のもとになるのは「藍」という名の植物です。

藍の葉は他の植物と同様に緑色です。藍色なわけではありません。藍の葉に藍色色素があるわけではないのです。

藍の葉には、藍色色素であるインディゴのもととなる「インディカン」という成分が含まれています。これは、無色の物質です。

また藍の葉には、インディカンを分解する酵素も含まれています。葉が枯れたり葉の細胞が破壊されたりすると、この酵素がはたらいて、インディカンは分解され「インドキシル」という物質に変わります。インドキシルは、空気に触れると速やかに酸化されます。そうしてできるのが、藍色染料である「インディゴ」なのです。

藍の葉

つまりインディゴは、インディカンと酵素という、どちらも藍の葉に含まれる要素によって作られるということです。
となると、藍染めは簡単にできそうな気がしますが、そう簡単にはいきません。ひとつ問題があります。

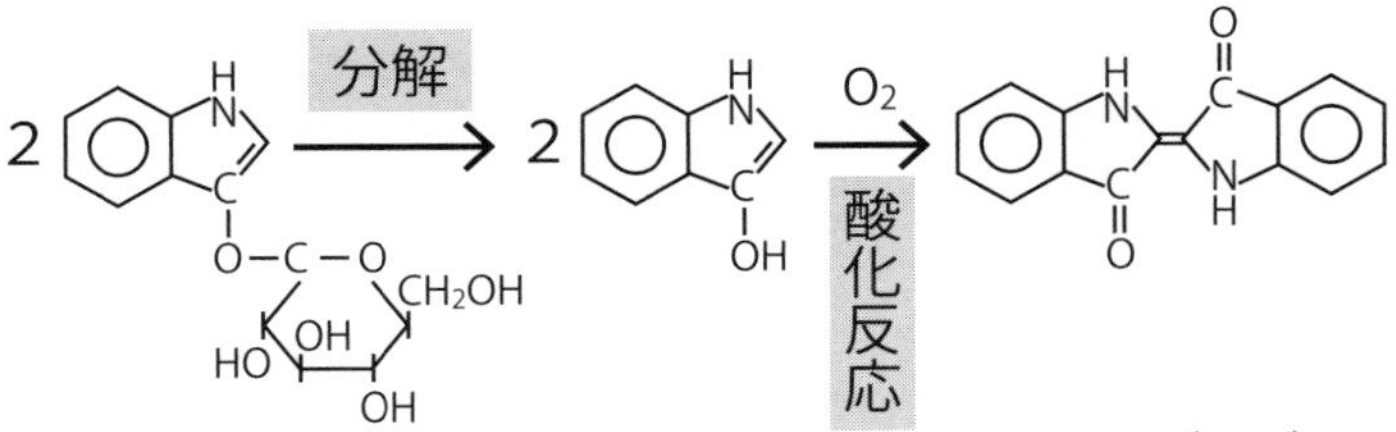

インディカン　インドキシル　インディゴ

それは、インディゴは水に溶けにくい物質であるということです。そのため、インディゴを溶かした水へ布を浸け込んで染色するという方法を取ることはできないのです。

ただ、インディゴに変化する前のインディカンやインドキシルは、水に溶けます。ですので、藍の葉からインディカンと酵素を取り出して水に溶かし、そこへ布を浸け込めばよいのです。

そうすることで、インディカンのまま、あるいはインドキシルになった状態で水に溶けているものが、繊維の内部へ侵入します。そして、これが空気に触れて酸化反応が起こるとインディゴになります。

このようにして、インディゴで染めることができます。

ただし、この方法は、生の藍の葉を入手できる時期と場所でしか行うことができません。藍の葉を収穫できるのは夏の時期だけなので、藍染めも夏にしか行うことができなかったのです。

また、一度染めただけでは薄くしか染まりません。さらに、インドキシルは絹や羊毛などのタンパク質の繊維には吸着しますが、綿などのセルロースでできた植物の繊維にはあまり吸着しないため、染まりにくいのです。

日本で広まった初期の藍染めは、このような若干不自由なものでした。

室町時代に起きた藍染めの進化

スクモ

それが、室町時代になると年中藍染めを行える方法が生み出されます。藍の葉を甕《かめ》の中に重ねて水を加えた「藍甕《あいがめ》」を土の中に埋めて保温し、微生物の力で発酵させて使用するという方法です。

発酵させた藍の葉は「スクモ」と呼ばれ、これを用いることで時期を選ばず、いつでも藍染めを行えるようになったのです。

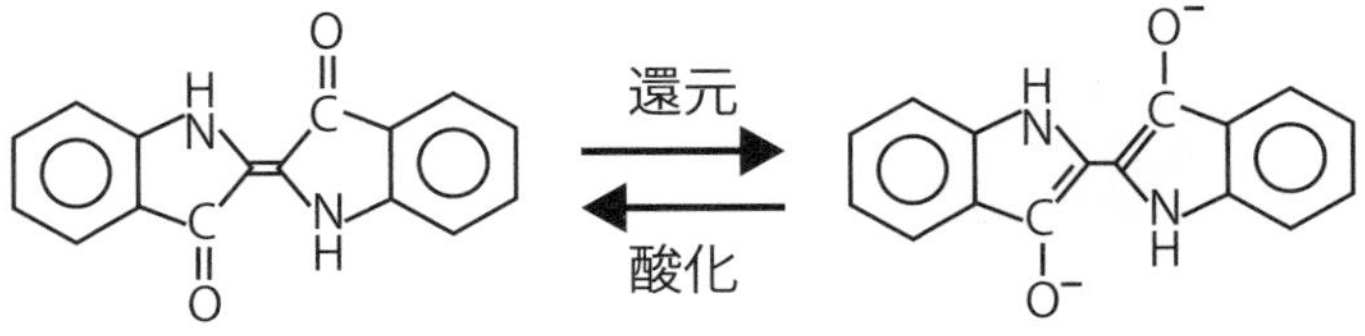

インディゴ　　　　ロイコインディゴ

藍の葉を発酵させることに、どのような意味があるのでしょう？
藍の葉を発酵させると、インディゴが「還元反応」を起こし、「ロイコインディゴ」という別の物質に変化します。ロイコインディゴは水に溶けやすいので、水溶液にして布を浸け込ませることができるのです。

ロイコインディゴの溶液は黄色ですが、空気に触れると酸化反応（還元反応の逆）が起こってインディゴに戻ります。繊維に染み込んだロイコインディゴがインディゴに変化することで、布は藍色に染められることになるのです。

この方法なら、季節や場所を選ばずに行うことができるというわけです。

綿とともに進化した藍染め

さらに、ロイコインディゴにはもうひとつ特長があります。

前出のインドキシルと違って、ロイコインディゴは綿などの植物繊維への高い吸着力を持っています。これが、藍染めを爆発的に普及させることにつながったのです。

綿は8世紀末頃に日本に伝来したとされますが、室町時代の頃まではすべて輸入に頼っていました。そのため安定した入手が難しく、庶民に普及するには至っていませんでした。

その後、戦国時代から江戸時代にかけて日本中で綿が栽培されるようになり、その質の高さから木綿糸が一気に広がったのです。

それまで衣服には麻や絹など他の繊維が利用されていましたが、それらだけで冬の寒さをしのぐのは大変だったようです。綿が、寒い冬を過ごすための必需品となっていったのです。

武士がゲン担ぎで使った「褐色」

藍染めは、日本の武士たちにも用いられました。武士たちは、もっとも濃い、黒色に見えるほどの色とされた藍染の生地を鎧の下着として着用しました。

この色は「褐色《かちいろ》」と呼ばれます。藍には生地の強度を高める効果、虫をつきにくくする効果、殺菌効果などがあることから、鎧の下着に利用されたようです。

深く濃い藍色を出すためには、生地を叩きながら染めます。当時は「叩く」ことを「褐《か》つ」と言ったことから、この色は「褐色」と呼ばれました。そして、「褐つ」＝「勝つ」とかけて、勝利へのゲン担ぎとして武士たちに好まれたようです。

江戸のファッション事情

江戸時代になると木綿糸が量産されるようになり、それと相性の良い藍染めが染色法の中心になりました。

そして「紺屋」と呼ばれる染物屋が広がっていきました。もともと「紺屋」は藍染職人のことを指しましたが、藍染めに限らず染物屋全般の代名詞となりました。それほど、藍染めが多く利用されていたということです。

江戸時代にはたびたび幕府からぜいたく禁止令が出されました。物価抑制などの理由から、「ぜいたくは身を滅ぼす」のスローガンのもと、着物の生地から色合いにまで制限が加えられました。派手な染め色は禁止されたのです。

そのような中でも、庶民の生活に根付いた藍染めは禁止を免れたそうです。

藍色の人気はその後も長く続き、明治時代に至るまで欠かせない存在でした。

藍色は「ジャパンブルー」と呼ばれることがあります。これは、明治時代に来日したイギリス人科学者アトキンソンが、街が藍色に彩られている様子を「ジャパンブルー」と表現したことに由来します。近年では、サッカー日本代表のユニフォームのベースカラーに起用されたことでも話題になりました。

いくつもの時代を超えても、日本人は藍色を愛し続けているのですね。

藍染めの浴衣を着た歌舞伎役者の浮世絵（歌川国貞『五人男揃浴衣』部分）

なぜ「泥染め」は美しい色になるのか？

農民たちが始めた染色

日本には大島紬《おおしまつむぎ》という、泥に浸け込むという独特な方法で染色される織物があります。発祥は明確ではないようですが、13世紀頃から奄美大島で利用されていたとも言われています。「泥なんかに浸けたら…」と思われるかもしれませんが、美しい黒褐色に染まるのです。そして、染色されるときに糸が膨らむため、手触りもよいものとなります。

染色は、次のような順序で行われます。

まず、シャリンバイという植物の樹皮を煮出した液体に絹糸をつけます。この煮出し液には「タンニン」と呼ばれる成分が多く含まれています。タンニンはお茶の渋みの原因としても知られていますね。

次にこれを、鉄分など多くの金属のイオンが含まれている田泥の中に入れて揉み込みます。このような操作を繰り返すと、タンニンと金属イオンが結合します。その複合体が染料となり、美しい黒褐色を放つのです。

ここでは、農民による植物性染料と鉱物性染料の組み合わせと言える染色方法が利用されていることが分かります。

大島紬の泥染めの様子（画像：時事通信フォト）

大島紬は、最初は島民自身が着用していました。その中で技術が洗練されていき、江戸時代には薩摩藩を治める島津氏がその価値に着目するようになります。そして、なんと島民に対して着用禁止令を出し、高級織物として上納するよう定めたのです。

その後、西南戦争が終わった頃から市場で取引されるようになり、全国に名が知られるようになりました。ひとつの島で誕生した染色技術が、多くの人に愛されるようになったのです。大島紬は、現在でも重宝されています。

オゾンが布地を「白色」に染める？

もうひとつ、少し特殊な染色を紹介したいと思います。

新潟県の魚沼地方には、「越後上布《じょうふ》」と呼ばれる最高級の麻織物があります。

これは、古くから皇室や大名への献上品としても用いられてきたものです。奈良時代に建立された東大寺の正倉院に「越布」として保管されていることから、１２００年以上昔から生産されていたと考えられます。

「染色の話の中で、なぜ布の話が出てくるのか？」と疑問に思われるかもしれませんが、染色のためには繊維も重要な要素だからです。

越後上布の原料には、苧麻《ちょま》という植物が使われます。

苧麻とは麻の一種です。麻は古くから日本で繊維として利用されていましたが、麻類の中でも位の高い人しか身につけることができなかったのが苧麻でした。

蚕から得られる動物性繊維である絹が主にタンパク質でできているのに対して、植物性繊維である麻の成分はセルロースが中心です。どちらもプラスとマイナスの分布の偏りがある物質なので、231〜232ページで解説した仕組みで染料と結合して、染色が起こります。

苧麻を清水に浸けて皮をむき、その皮の繊維だけを取り出して乾燥させると、原料の「青《あお》苧《そ》」ができます。

青苧

青苧は水に浸《ひた》されると柔らかくなり、爪で細かく裂けるようになります。その糸先をより合わせることで、均一の太さの糸を紡ぐことができるのです。まさに職人技であり、現在ではこれをできる職人はほとんどいなくなってしまっているそうです。

このようにして作られた糸で織られたのが越後上布です。越後上布は通気性に富み、さらりとした心地よい感触を生み出すのです。

雪晒しの様子（新潟県小千谷市）（画像：EPA＝時事）

さて、越後上布の特徴は「雪晒し」という仕上げが行われるところにあります。これは、太陽に照らされて少し融《と》けてきた雪の上に一反ずつ布を広げるという工程です。晴天の日を選んで1週間から10日ほど行われるそうです。

雪晒しをすることで、越後上布は漂白されるのです。雪晒しによって、織る間についた汚れや糊が落とされ、麻の糸目と柄が際立つようになります。

それにしても、どうして雪晒しをすることで漂白されるのでしょう？

その理由は、雪が融けて生まれた水分が布目を通って蒸発するときにオゾンが発生するからだと言われています。

オゾンは上空のオゾン層に集まっている気体で、漂白作用を持ちます。オゾンの漂白作用によって、越後上布の美しさが生まれていると言われるのです。

しかし、長岡市の防災科学技術研究所雪氷防災研究センターが行った実験では、雪面上でオゾンが多いことを確かめられなかったそうです。そのため、漂白作用の原因はオゾン以外にあるとも考えられますが、ハッキリとしたことは分かっていません。

いずれにしろ、雪晒しによって漂白効果が生まれるのは事実です。例えば、古くなって汚れのついた越後上布も、雪晒しをすることで汚れが落ち美しさを取り戻すことができます。これは、現在でも着古されて洗剤を使えなくなったものを蘇らせる方法として活用されています。

おわりに

本書は、高校の理科教員である筆者と、歴史好きな高校生たちとの「歴史を科学で紐解いたら面白そう」という何気ない会話から誕生しました。

「歴史は大好きだけど、科学はちょっと……」という高校生でも、「科学が歴史を動かしてきた」事実を知ると前のめりになりました。理科は好きじゃない高校生と理科教師の心の距離を、歴史が縮めてくれたのかもしれません（笑）。

そんなわけで、本書の執筆は基本的に筆者が行いましたが、筆者の教え子である下澤真菜さん、中城瑞姫さん、日馬楓花さんに多大なご協力をいただきました。歴史好きな3人が教えてくれた逸話や伝説を、ふんだんに取り入れさせていただきました。本当にありがとうございました。

また、編集担当の柴田智美さんが歴史好きな方であったことも筆者にとって幸いでした。随所に渡って補足をしていただいたおかげで、より楽しんでいただける本にできたと思います。この場を借りてお礼申し上げます。

三澤信也

［協力者］
下澤真菜　愛知学院大学文学部歴史学科在学中
日本史の中で、特に「保元の乱」が好き
中城瑞姫　上田女子短期大学総合文化学科在学中
日本史の中で、特に「平安の文化」が好き
日馬楓花　静岡文化芸術大学文化政策学部芸術文化学科在学中
日本史の中で、特に「江戸時代の日本美術（琳派）」が好き

［主な参考文献］
科学雑誌Newton『Newton』（ニュートンプレス）各誌
ルイス・フロイス・松田毅一訳『完訳フロイス日本史』（中央公論新社）
たる味会編料『酔っぱらい大全』（講談社）
黒澤はゆま『戦国、まずい飯！』（集英社）
東野治之『遣唐使船』（朝日選書）
上田雄『遣唐使全航海』（草思社）
日本海学推進機構キッズ日本海学　http://www.nihonkaigaku.org/kids/relation/marukibune.html
海上保安庁・来島海峡海上交通センター　https://www6.kaiho.mlit.go.jp/kurushima/currenttide.html
海上保安庁・海の安全情報　https://www6.kaiho.mlit.go.jp/kurushima/info/tab/guide/guide_j/jyunchu.htm
綾の手紬染織工房　https://www.ayasilk.com/workshop/royal_purple.html
他

【著者紹介】

三澤信也（みさわしんや）

長野県生まれ。東京大学教養学部基礎科学科卒業。長野県の中学、高校にて物理を中心に理科教育を行っている。

著書に『こどもの科学の疑問に答える本』『【図解】いちばんやさしい相対性理論の本』『【図解】いちばんやさしい最新宇宙』『東大式やさしい物理』（以上小社刊）、『入試問題で味わう東大物理』（オーム社）、『大学入試 物理の質問91』（旺文社）、『教養としての中学理科』（いそっぷ社）等がある。

また、ホームページ「大学入試攻略の部屋」を運営し、物理・化学の無料動画などを提供している。

http://daigakunyuushikouryakunoheya.web.fc2.com/

日本史の謎は科学で解ける

2023年6月21日　第1刷

著　者　三澤信也

イラスト　瀬川尚志

発行人　山田有司

発行所　株式会社　彩図社《さいずしゃ》

〒170-0005 東京都豊島区南大塚 3-24-4 MTビル
TEL:03-5985-8213
FAX:03-5985-8224

印刷所　シナノ印刷株式会社

URL　https://www.saiz.co.jp
https://twitter.com/saiz_sha

 ISBN978-4-8013-0663-9　C0021